発達障害の子どもの
できるを増やす

ABAメソッド

KAWAMURA JIN
川村 仁

幻冬舎MC

発達障害の子どもの
「できる」を増やす
ABAメソッド

はじめに

現在、日本では発達障害の子どもが増えています。2022年、文部科学省が10年ぶりに「通常の学級に在籍する特別な教育的支援を必要とする児童生徒に関する調査結果」を発表しました。前回の調査（2012年）では、通常学級に在籍する小中学生のうち「学習面や行動面で著しい困難を示す」発達障害の可能性があるとされたのは6・5%でした。しかし、今回はその割合が8・8%にまで増加しています。つまり、35人学級であれば1クラスに約3人が著しい困難を抱えているということになります。

ただ、ここで問題となるのは教室のなかで困難を抱えているとされる子どもの割合が増えたことだけではなく、実際に教育機関から必要な支援を受けられている児童はごく一部に過ぎないという現状です。同調査によると、通常の学級に在籍しながら障害に応じた特別な支援である通級指導等を受けているのは「学習面又は行動面で著しい困難を示す」とされた子どものうちの10％程度に過ぎません。残りの90％弱の子どもは著しい困難があるにもかかわらず、通常学級のなかで集団での学習や活動を強いられ、必要な指導を受けられずにいるのです。

このような状況のなか、学校の環境になじめずにSOSを発した子どもを親が病院へ連れていっても医師からはただ病名がつけられるだけで、必ずしも子どもが本当に必要としている療育が受けられるわけではありません。また、親が療育の受けられる施設などに子どもを通わせたとしても、そこで行われている療育がその子どもの個性に合わないメソッドである可能性もあります。その場合、子どもは学校だけでなく、療育施設でもうまくいかなかったと余計に苦しむことになってしまいます。

私は2015年に放課後等デイサービスを開所し、全国に教室を展開しています。事業を通して子どもたちの支援を続けていくなかで見えてきたのは、集団で行う療育の限界でした。発達障害の子どもたちへのサポートは、複数名を一つのグループにして行うような集団療育では難しいのです。

そうした子どもたちを救うすべはないのだろうかと考えていたときに出合ったのがＡＢＡメソッドでした。ＡＢＡとは応用行動分析（Applied Behavior Analysis）のことで、アメリカで発展してきた心理学の分野です。ＡＢＡメソッドでは一人ひとりの子どもの行動だけではなく、行動のきっかけと結果に着目し、その子にとって必要なことを一つずつ確実に獲得できるように科学的なアプローチでサポートしていきます。そのため、私はＡＢＡの強みを活かして個人に合ったプログラムを組めるマンツーマン体制を整え、２０１９年に児童発達支援施設を開所し、２０２２年には全国に60教室を展開できるようになりました。

ＡＢＡメソッドを実践してきたなかで私が確信しているのは、子どもの行動をよく観察し、一人ひとりの課題に合わせた適切な関わり方を続けていけば、子どもの好ましい行動を増やし、好ましくない行動を減らすことができるということです。

例えば、食事中に席を立ちウロウロしてしまうという課題を抱えた子どもの場合、ＡＢＡメソッドに沿って分析し、ほかの子の存在がどうしても気になってしまうことが問題行動のきっかけにあると推定します。そこでまずは個室を用意してその子と一対一で着席の練習から始めます。初めは座っていられる時間も短いのですが、立ち上がりそうになる前に足にポンポンと触れて「よく座れているね」と声を掛けます。こうした声掛けなどのさまざまなセラピーにより子どもにポジティブなメッセージが伝わり、着席していることが苦にならなくなるのです。20分ほど座っていられるようになったら、今度はみんなが遊んでいる大部屋でほかの子どもたちと食事をする練習をします。最初のうちは周りの子どもたちにつられて遊びたくなったり、食べる手が止まったり、立ち上がりそうになったりします。しかし、個室での練習が十分にできていれば、大部屋での練習を数回繰り返すうちに落ちついて食事ができるようになります。

本書では、こうしたＡＢＡメソッドについて段階を追って紹介していき、最終的には集団での学習や活動に子どもが適応できるようになるまでのロードマップを示します。ＡＢＡメソッドを活用して子どもの「できる」を着実に増やしていければ、発達障害と診断された子どもやグレーゾーンといわれる子どもたちも集団活動に適応できるようになり、いずれは社会で活躍できる大人に育っていくのです。

本書が、集団行動になじめずに教室の片隅でつらい思いを抱えている子どもたちの一助となればこんなにうれしいことはありません。

発達障害の子どもの「できる」を増やす ＡＢＡメソッド　目次

第1章

集団行動を求める学校、病名でカテゴライズする医師

社会の〝ものさし〟に苦しめられる発達障害の子どもたち

第2章

「どんなときに」「何をしたら」「どうなった」に着目する
子どもの行動にアプローチする
ABAの基礎知識

第3章

「できる」ことから始めて子どもの成功体験を増やしていく
子どもの発達を促す ABAの初めの一歩

第4章

個別療育から始めて集団行動ができるようになるまでのロードマップ
ABAメソッドを段階的に活用して「できる」が増えた子どもたち

第5章

子ども一人ひとりが小さな「できた」を積み重ねればハンディキャップがあっても社会で必ず活躍できるようになる

第1章

集団行動を求める学校、
病名でカテゴライズする医師

社会の〝ものさし〟に苦しめられる発達障害の子どもたち

集団生活になじむことができない子どもたち

2002年に文部科学省が初めて「通常の学級に在籍する特別な教育的支援を必要とする児童生徒に関する全国実態調査」を行って以来、発達障害についての社会的認知度はずいぶん高まりました。

しかし、発達障害がある人の家族でさえも発達障害への理解度はまだまだ十分であるとはいえません。実際に私たちの教室に通う発達障害の子どもをもつ母親からは、自分の子どもが発達障害であることを夫が認めようとしない、義両親から子育ての仕方が悪かったのではないかと責められた、といった嘆きの声を聞くことがよくあります。

学校教育の場でも先生たちの間で発達障害についての知識自体は浸透してきましたが、発達障害の可能性のある児童生徒が学校で必要な支援を受けられる体制が整っているわけではありません。学校の先生たちは熱心に子どもたちと向き合ってくれているとはいえ、数十名を相手に集団授業をしながら、発達障害のある子どもに対して個別に対応していくということは非常に難しいのが実情なのです。

こうした状況を改善するために学校に配置されているのが特別支援教育支援員です。発達障害を含む障害のある子どもたちの学校生活での介助や、学習活動をサポートしてくれる存在ですが、自治体によっては支援員の数が足りなかったり保護者に付き添いを求めたりしています。支援員の雇用条件は自治体によって異なりますが、賃金に対して仕事内容がハードなことも多いために入れ替わりも激しく、子ども一人ひとりに対して継続した支援が行われにくいという問題は保護者にとって悩みの種となっています。

これは小学校以上の学校に限った話ではありません。幼稚園や保育園に通う幼児についても、十分なサポートが受けられないまま見過ごされていることは少なくないのです。

集団生活を送るにあたって困りごとを抱えている子どものサポートができるように、

幼稚園や保育園など（以下、保育所と呼びます）が通常の職員数に追加して先生を配置することを加配といいますが、この加配制度は、保育所が独自に実施しているケースと、保護者からの申請によって実施されるケースに分かれます。保護者からの申し出によって加配制度を行う場合、保育所は申し出があった時点で加配保育士を配置し、環境の整備や補助金申請などを行って対応することになります。

加配の先生がいれば、発達障害の子どもは自分が苦手とすることへのサポートを受けられます。例えば、食事や着替え、お手洗いなどの生活に直結することはもちろん、友達とのやりとりがうまくできなくてトラブルを起こしてしまう子どもであれば、加配の先生が介入することでコミュニケーションのとり方を学べます。

しかし、各保育所において、そもそも保育士の総数が不足しており、基準をクリアするのに必要な保育士の確保にも苦労しているところが少なくありません。もともと人手が足りていないところに、加配ができる余裕のある施設が少ないことは、親にとっての負担が大きくなる原因だといえます。こうした問題により、幼児期に適切なサポートを受けられず教育現場でつらい思いを抱え、その後ずっと集団生活に苦手意識を抱くようになる子どもがたくさんいるのです。

医師に病名でカテゴライズされる子どもたち

教育現場で適切なケアをされることなく置き去りにされる子どもたちにとって医師の存在が救いになるのかといえば、そういうわけでもありません。

一般的にＡＤＨＤ（注意欠如・多動性障害）の特性が見られるようになるのは2～3歳頃からで、診断が出るのは5～7歳頃からです。また、ＡＳＤ（自閉スペクトラム症）の特性が見られるようになるのは早い子だと1歳頃からで診断が出るのが4～5歳頃からです。この年頃の子どもが無理なく取り組める療育に出合えるかどうかが、子どもの人生を大きく左右するといっても過言ではありません。

医師の仕事は、困りごとを抱えている子どもを「ＡＤＨＤ」「ＡＳＤ」「学習障害」などと病名でカテゴライズし、必要に応じて薬を処方することであり、病院は必ずしも子どもやその保護者の相談に乗ってくれるわけではありません。また、子どもの年齢によっては診断が難しいということもあり、病名すら与えられずに、「様子を見ましょう」とだけ言われることもあります。子どもの発達に気がかりなことが出てきたとき、保護者が最初に頼る先の一つは、精神科医や小児神経科医ですが、一般的な精神科では子どもの発達障害はただの発達の遅れだと診断されるだけで具体的なアドバイスを得られることはほとんどありません。

それでは子どもを専門とする小児科ならどうかというと、ここでも発達障害の診断は敬遠されがちです。小児科の待合室では、発熱などでぐったりした子どもたちが今か今かと自分の番を待っています。一人の発達障害の子どもの診断のために掛かる時間で、何人もの子どもを診察できることを考えると、発達障害の子どもたちが二の次にされてしまうのは仕方がないのが現状なのです。

また、そもそも子どもの発達を専門とし、発達障害の診断ができる医師の数が圧倒的に少ないという現実があります。例えば、横浜市の場合については人口が約370万人であるのに対して、発達障害の診断ができる精神科医はわずか6人です。

この比率を見れば子どもの保護者が診察の予約をとることさえ一苦労だということがよく分かります。そんな状況のなか、やっとの思いで診察の予約をとったのに、「様子を見ましょう」の一言で片付けられてしまえば、保護者の不安は募るばかりとなります。

確かに、検査が確立されたことで保護者に対して子どもの発達段階が定型的な発達をしている子どもと比べてどのようなレベルにあるのかを示すことができるようにはなりました。しかし、それだけでは自分の子どもに足りていない能力をただ医師に突きつけられるだけです。発達障害のある子どもやその保護者にとっての問題は、診断を受けたあと、救いの手にたどり着けないということなのです。

こうして発達障害のある子どもたちは教育の場でサポートを受けることもできず、医療によって救われることもないまま置き去りにされているというのが現状です。

療育を受けるまでに掛かる時間が子どもが成長する機会を奪う

教育現場や日常の生活などで自分の子どもが発達障害かもしれないと感じたら、保護者が最初に足を運ぶのは市区町村の「子育て支援センター」や「保健センター」の窓口です。まだ病院を受診していない場合であれば、ここで地元の医療機関を紹介してもらうこともできます。また、すでに診断が出ている場合は障害児通所支援と総称される、児童発達支援や放課後等デイサービスの利用について相談することが可能です。

次に、子どもの年齢に合わせて、児童発達支援や放課後等デイサービスの事業所を見学します。ここでサービス内容や施設の雰囲気が子どもに合っているか、自宅から通いやすいか、希望の曜日や時間の利用が可能かなど、複数の事業所を見比べて相談することができます。

こうしてやっとの思いで利用したいサービスが決まると、また市区町村の窓口に戻ってその旨を申請しなければいけません。申請を受けた自治体の調査員が障害の程度や家庭環境、生活状況などに関する聞き取り調査を行うためです。その内容を基に、必要なサービスの内容や利用日数について検討が行われ、ようやく子どもたちが発達支援を受けられる通所受給者証が発行されることになります。

療育サービスを受けるための通所受給者証を取得するには医療機関での診断が必須です。受給者証発行の基準は自治体によって異なるため、子どもの発達が専門ではないクリニックの診断でもよいとしているところもあります。

この通所受給者証が発行されて初めて、教育と医療の間で置き去りにされていた子どもたちは、医療と教育の両方がつながる「療育」を受けられるようになるのです。

このように発達障害のある子どもが療育を受けられるようになるまでには非常に時間が掛かります。サービスを利用するために必要となる受給者証の発行までに要する時間は自治体によって異なりますが、なかには病院での診察の予約に半年待ち、診断が出てから自治体の手続きに1年近く掛かるなどということも珍しくはありません。

療育が受けられるようになるまでに掛かる時間は、子どもたちにとって大きな損失です。本来ならこの期間に療育を受けることで発達が促され、できなかったことができるようになるはずです。また、適切なケアが受けられないうちに保育所あるいは学校などの集団のなかで教育を受ける年頃に達してしまえば、そこでつらい思いを経験することになりかねません。大人にとっての1年と、3歳児にとっての1年では重みがまったく違うため、少しでも早く療育につなげる制度の確立は急務となっているのです。

行政も期間短縮のための努力をしており、以前に比べれば多少は時間が掛からなくなってきてはいます。しかし、すぐに療育を受けられるという状況にはほど遠く、幼い子どもの貴重な時間を奪っているという状況が解消されたわけではありません。

必ずしも施設の療育法が子どもに適しているとは限らない

保護者にとって療育施設の選択肢が増えていることは必ずしも助けになっていると は限りません。日本全国で療育施設の数が激増しており、2021年に厚生労働省が発表した「児童発達支援センターの位置づけについて」によれば、未就学児に対応している児童発達支援施設は全国に8265事業所、小学生に対応する放課後等デイサービスが1万5834事業所で、両者を合わせると2万4000を超えます。全国の郵便局の数が約2万4000局（平成30年版の情報通信白書）であることを考えると、どれだけ増えてきたのかがよく分かります。

そのなかで子どもに合った手法を採用している施設を選べなければ、療育の効果が得られないばかりか、親は子どもがより苦しむ姿を見ることにもなりかねません。

発達障害といわれる子どものなかには、自閉スペクトラム症の子もいれば、多動性障害の子もいれば、学習障害の子もいますし、これらの複数の特徴がある子もいます。さらには自閉スペクトラム症と一口に言っても、特性の表れ方はグラデーションのように人によってさまざまです。

例えば、言語の発達している高機能自閉症の子どもと、言語の発達に遅れのある自閉症の子どもの療育が同じ教室で同時に行われたとしたら、どうなるかは容易に想像できます。高機能自閉症の子どもは他者との社会的関係の困難さや限定的・反復的な興味やこだわりを示しますが、知的発達の遅れを伴わないことが特徴です。それに対し、言語の発達に遅れのある自閉症の子どもは発語も難しいことがあるため、せっかくたどり着いた療育の場で自分はここでもうまくできないのか、と心を打ち砕かれて自己肯定感が下がり、うつ病や不安障害などの二次障害といわれる状態に発展することにもなりかねません。

療育と一口に言っても、児童発達支援や放課後等デイサービスなどで行われている発達障害へのアプローチにはさまざまなものがあります。なかでも集団の支援方法でよく知られているのが認知行動療法やソーシャル・スキル・トレーニング（ＳＳＴ：

Social Skills Training）です。

出来事・自動思考・感情・行動の相互関係に注目するのが認知行動療法です。ストレスなどによって凝り固まった考えや行動を自身の力で解きほぐすことで、自由に考えたり行動したりできるようになることを目指していきます。

大人の例を挙げると、職場で今までしなかったようなミスを連発してしまったとき、まず自身のストレスに気づいて問題を整理します。そのようなミスは休日では起きず職場でのみ発生するのかなどを分類し、その問題がどのような状況で起きてどのような感情を引き起こすのかの振り返りを行うのです。そのうえで、職場へ向かうときに今日もミスをしてしまうのではないかと思い込み不安になってしまうなど、自動思考（＝出来事に対して瞬間的に浮かぶ考えやイメージ）が自身の感情や行動にどのように影響しているのか探ります。そして自動思考の特徴的なくせに気づいたら、自動思考と現実とのズレに注目して、現実に沿った見方に変える練習、問題を解決する方法や人間関係を改善する方法の練習を行っていきます。このようなプロセスをたどるので、認知行動療法は大人のＡＤＨＤの療法としてはよく用いられますが、幼児の療育にはあまり用いられません。

感情コントロールや対人関係などに困難がある子どもに有効とされるのがソーシャル・スキル・トレーニングです。プログラムでは実際に園や学校などで困った場面を基にロールプレイなどで解決方法を見つけ、今度同じような場面に遭遇したときに適切に振る舞えるようにしていきます。さまざまな療育施設で取り入れられていますが、ロールプレイができる年齢や発達状態に達していない子どもには難しい手法であるといえます。

療育が受けられる子と受けられない子の間で広がる格差

時間が掛かったとしても、療育を受けられる環境にいる子はまだ幸運だといえます。児童発達支援や放課後等デイサービスで療育を受けるには、まず病院で診断を受けるために診察の予約をとるというアクションを保護者が行わなければなりません。しかし、場合によってはそのアクションにたどり着けない保護者もいます。

例えば、ひとり親世帯などで社会とのつながりが希薄な家庭で育った人は、地域にある児童発達支援や放課後等デイサービスの存在、療育のことをまったく知らずに取り残されてしまうこともあります。自治体の行う健診などで指摘されなければ、保護者が自ら情報を得ようとしない限り療育について人から教わる機会はありません。また、健診で発達に問題がある可能性を指摘されても、そのうちなんとかなるだろうと自分の勝手な判断で病院に子どもを連れていくことなく、そのまま放置してしまう保護者もいます。

その一方で、ママ友同士のつながりがあったり、行政が行っている教室などに積極的に参加したりしている人は地域に密着した情報を得る機会も多く、比較的スムーズに療育にたどり着ける傾向があります。

とはいえ、児童支援の現場にいると、まだまだ療育施設の認知度が低いことを実感することが多いのです。

療育施設の数だけを見れば全国の郵便局の数と同じくらいにまで増えたとはいえ、

私たちの施設を訪れる人のなかには、何のための施設か知らなかった、知り合いの子どもが通い始めて初めて知った、という人もまだまだ大勢います。ほかには無料で通える保育所だと思っていたという人もいるほどです。療育の意味や施設の存在を知らないまま、保育所がなんとかしてくれるだろうと考えて放置していたり、祖父母の力を借りてなんとかしてもらおうと考えたりする人も少なくありません。子どもの様子から発達障害かもしれないと思いながらも対応を先送りにしてしまい、就学直前になってなんとかなりませんかと駆け込んでくる保護者もいます。行政も必要な人に情報を届けようという努力をしてはいますが、発達支援の現場の肌感覚としては、まだまだ親にとっての認知度が不十分だといわざるを得ません。

愛着形成が不足しているという
医師や先生からの心ない言葉

療育にたどり着くまでに、家族間での認識の違いがネックになることもあります。

こうした問題の原因としては、日常的に子どもと関わっておらず、ほかの子どもと比較する機会が少ないために発達障害の兆候に気づけないということが考えられます。また、障害という言葉にアレルギー反応を示し、自分の子どもに障害があるという事実を認めたくないという心理が働くこともあるのです。

保育所では発達障害に関する保護者会や勉強会を行うところも増えました。しかし、すべての先生が発達障害のことをきちんと理解しているとは限りません。なかには、発達障害の子どもを、指示を聞けない、ルールを守れない、友達とすぐにトラブルを起こすなどと問題児扱いし、家庭のしつけが不十分なのではないか、愛着形成が不十分なのではないかと決めつけてしまう先生もいまだにいます。

幼児教育のプロである園の先生から「愛着形成が不足しているのではないか」と言われれば、自分の育て方が悪かったのだろうかと心を痛めるのは当然です。しかし、発達障害は脳の問題であり、育て方の問題でもなければ、愛着形成の問題でもありません。それは学術的に明らかになっている紛れもない事実です。

適切な時期から適切な療育を受ければ、子どもは学校にもなじめるようになり、将来は社会に出て活躍できるようになるのです。そのためには、発達障害の可能性を指摘されたら速やかに診断を受け、その子に合った療育を始めることが必要です。

第2章

「どんなときに」「何をしたら」「どうなった」に着目する
子どもの行動にアプローチする
ABAの基礎知識

治療と教育の機能を併せ持つ療育の役割

学校教育になじめないばかりか、医療の現場で診断名が出なかったり、診断名が出てもその後の治療を受けていなかったりする子どもたちのセーフティーネットとなるのが福祉です。子どもたちは児童発達支援や放課後等デイサービスで療育を受けることになりますが、療育は治療と教育の機能を併せ持ちます。それぞれの子どもが自分の困りごとを解消するための練習を重ね、学校などの集団生活になじめるようになることを目指すのです。その先に見据えるのは発達障害の特性をプラスに活かして社会で自立した生活を営めるようになることです。

近年、療育が受けられる施設は急速に増え、それぞれの施設でさまざまな療育方法が展開されていますが、療育では大人ができるようになってほしいと思うことではなく、その子の人生にとって必要となるスキルを教えていくことが大切です。どんな療育の手法であっても、目指すところは子どもの可能性を引き出し、目の前の日常生活や将来の社会生活に役立つスキルを身につけていくことであるはずです。

しかし、療育の内容によっては子どもの心に寄り添い、共感することに終始して、根本的な改善が望めないこともあります。療育の手法の特色と子どもの特性とが一致した療育を選べるかどうかが、子どもの将来のためには重要になってきています。

発達障害と一口に言っても、それぞれの子どもたちが困っていることには個人差があります。同じ診断名だからといって、画一的に対応していてはうまくいきません。そこで、診断名ではなく行動に注目して問題となる行動を減らし、望ましい行動を増やしていく必要があります。

行動と結果に着目するABAメソッドとは

私たちの児童発達支援の現場で取り入れているのが、診断名ではなく行動を見る行動分析学に基づいた応用行動分析（Applied Behavior Analysis）で、英語の名称の頭文字からＡＢＡと呼ばれています。１９８７年にアメリカのカリフォルニア州立大学のロバース博士によって開発され、ＡＳＤなどの発達障害のある子どもの療育の分野で世界的に広く用いられています。

ＡＳＤの子どもは、1歳の頃から、泣かない、極端に泣く、笑わないなどの兆候が見られることがあります。これらの兆候があるからといってＡＳＤだとは限らないのですが、ＡＳＤの場合には成長するにしたがってコミュニケーションに困るシーンが出てきて、保護者の負担も大きくなります。ＡＳＤの人は言葉や、言葉以外の表情、視線、身振りなどから相手の考えていることを読み取ったり、自分の考えを伝えたりすることが苦手です。また、特定のことに強い興味や関心をもっていたり、こだわり行動があったりといった特性があります。ＡＳＤにはこのような共通する特性があるものの、特性の程度や困難の表れ方は、人それぞれです。

ＡＤＨＤの子どもは、早ければ2~3歳頃から、じっとしていない、いつも動いている、という特性が目立ってきます。実年齢の発達水準と比較して注意を持続させることが難しい、落ちつきがない、行動を抑制するのが困難、順序立てて行動するのが苦手などといった特徴があります。12歳以前からこれらの行動の特徴があって、学校や家庭などの複数の場面で困難が見られる場合にＡＤＨＤと診断されます。確定診断は4歳頃まではしませんが、努力や意志の力では行動を変えられないので、早めにその子に合ったやり方を知る必要があります。

ＡＢＡによる療育の場合、2~3歳からスタートすることができ、低年齢から取り組むほど効果的であることが分かっています。そのため、子どもが発達障害の可能性を指摘された段階から取り組むことができます。

ある行動をとったとき、その人にとって良いことがあったり、嫌なことがなくなったりすると、その行動は繰り返されやすくなります。逆に良いことがなくなったり、嫌なことが増えたりすれば、その行動は繰り返されにくいというのが人間の行動の基本原理です。この人間の行動の基本原理に基づくと、うまくいく行動を増やし、相対的に困っている行動を減らすための働き掛けをすることができます。

ＡＢＡで使われるフレームワークはＡＢＣ分析と呼ばれます。

Ａ：先行条件（Antecedent）
Ｂ：行動（Behavior）
Ｃ：結果（Consequence）

このフレームワークを基に行動の前の状況や背景（＝先行条件）、行動の結果を整理して、望ましい行動が増えるように、あるいは望ましくない行動が減るようにコントロールしていきます。

ここでいう行動には、歩いたり走ったり笑ったりすることなどはもちろん、恐怖を感じる、本を読んでもらう、あるいは静かに座っているといったことも含まれます。

これらの行動は２つの種類に分類することができます。１つはレスポンデント行動で、もう１つがオペラント行動です。

特定の刺激に誘発されるのがレスポンデント行動です。例えば、目にごみが入ったという刺激によって引き起こされる「涙が出る」という行動や、口の中に食べ物が入ったという刺激によって引き起こされる「唾液が出る」という行動がこれに当たります。

一方、結果（＝行動の前後の変化）によって誘発される自発的な行動がオペラント行動です。例えば、映像と音楽が流れるという結果を得ようとしてテレビのスイッチを押すとか、飲み物が出るという結果を得ようとして自動販売機のボタンを押すという行動がこれに当たります。オペラント行動では、環境を変化させることで行動に変化が起きます。ＡＢＡのセラピーでは主に行動に焦点を当てて、日常生活で困る行動を減らし、望ましい行動を増やすように介入を進めていきます。発達障害のために授業中に席についていられないとか、お気に入りのものに異常なこだわりを見せるなどといった行動について、ＡＢＡのアプローチを用いれば、それらの行動を減らしていくことが可能になります。

子どもの行動を変えるＡＢＡのメカニズム

喉が渇いているとき、目の前にある水を飲めばおいしく感じるという経験をしたことがあれば多くの人は水を飲むという行動をとろうとします。「喉が渇いている」ということが先行条件に当たり、「おいしく感じる」というのが結果に当たります。「おいしく感じる」という望ましい結果（好子《こうし》）になるので、喉が渇いたときには「水を飲む」という行動が誘発されます。

行動のあとに良い結果になると、その行動は繰り返されます。望ましい結果を得ることによって行動が増えることを、ＡＢＡでは「強化」といいます。

良い結果が出たことがあって行動が増えることもあれば、嫌な状況を避けられたことがあって行動が増えることもあります。

例えば、辛いものを食べて舌がしびれているとき、水を飲めば舌のしびれがなくな

ABA（応用行動分析）のメカニズム

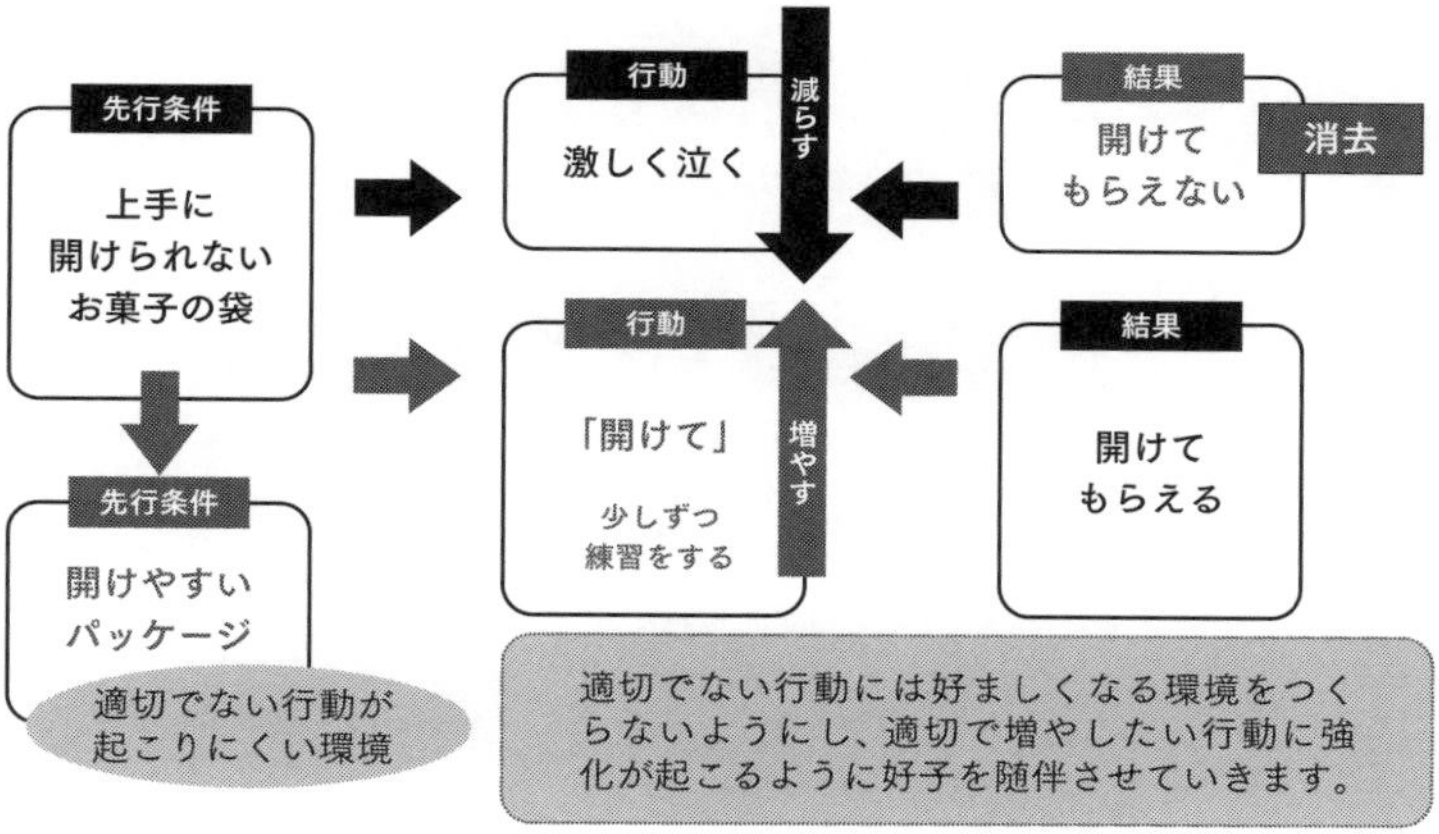

る経験をしたことがあれば人は水を飲もうとします。この例では「辛さで舌がしびれている」というのが先行条件であり、「舌の痛みがなくなる」というのが結果となります。舌の痛みがなくなるという結果を得ようとして、「水を飲む」という行動が誘発されるのです。辛さで舌がしびれているという嫌な結果が、水を飲むという行動をすることでなくなるというわけです。行動のあとに嫌な状況がなくなれば、その行動は繰り返されるようになります。

　このメカニズムを使うと、発達障害で落ちつきのない子が先生に「席について待っていてね」と言われたとき、初めのうちは席で待っていれば褒められたり、ごほうびが得られたりするという分かりやすく良い結果を伴うことによって、次第に適切に座ることを学習していきます。やがて褒められることやごほうびを減らしていっても席について待っていることができるようになります。さらには、ほかの先生に同様の指示をされたり、ほかの場所で指示をされたりしても、席について待っていることもできるようになっていきます。

このようなパターンは、良い結果が増えたのか、嫌な状況がなくなったのかという違いはありますが、望ましい行動があとに起きやすくなったり増えたりするものです。逆に、望ましくない行動が減るパターンもあります。

例えば、ゲームをやり続けるという行動のあとにはおやつを取り上げられるという本人にとって望ましくない結果（嫌子《けんし》）があったとします。そうすると、ゲームをやり続けるという行動は減っていきます。この場合「(いつもならあるはずの）おやつがなくなる」という嫌な結果を避けるために、「ゲームをやり続ける」という行動が減るのです。

また、ゲームをやり続けたらものすごく怒られたという場合では、「ゲームをやり続ける」という行動をすると、「ものすごく怒られる」という嫌な結果が起きたので、「ゲームをやり続ける」という行動は減っていくことになります。

このように、望ましくない結果を得ることによって行動が減ることを「弱化」といいます。初めはおやつを食べたいがためにゲームを終わらせたことでも、「ちゃんとゲームを終わらせられたね」と適切に切り替えられたことを褒めたうえで、「じゃあ、おやつ食べようか」と続けていくことが大切です。おやつがないときでもゲームを終わりにできたことをしっかりと褒めていくことで、次第に行動を定着させていくことができます。

行動しても状況が何も変化しないことによってその行動が減ることを「消去」といいます。例えば、「飲み物がない」という先行条件に対して、「自動販売機のボタンを押す」という行動をとっても飲み物が得られない場合、行動しても変化が何もないので人は「自動販売機のボタンを押す」という行動をとらなくなります。

この消去を開始すると、これまでに強化されていた行動が一時的に増加します。例えば、これまで自動販売機のボタンを押したら飲み物が出ていたのに出なくなると、人は飲み物が出てくるはずなのにおかしいと感じてボタンをより多く押すというように、「自動販売機のボタンを押す」という行動が一時的に増えるということです。また、なんとか飲み物を出そうとして自動販売機を叩いてみるなどというように行動バリエーションが増えることもあります。消去をする際には、そういう行動が増えることを想定しておくことが大切です。そして、消去で行動を減らしていくだけでなく、代わりとなる新しい行動を教えることが必要です。

実際の例で考えてみると分かりやすいです。スーパーのお菓子売り場で毎回お菓子を買ってほしいとねだる子に困っていたとします。いつも「だめだよ、買わないよ」と言ってしばらくは言い聞かせますが結局根負けしてしまっています。そういった場合は、子どもにお菓子が欲しいと言われても「そうだね」とあっさり返すのみにしてお菓子を買わずに買い物を終えるのが適切です。当然子どもはいつも以上に泣いたり声を荒《あら》らげたりしますが、それでも買ってもらえないことが分かると諦めて帰りの車のなかでは、少しずつ泣きやんできたり、ふと気が逸れたりします。そこで初めて母親は「我慢できたのえらかったね」と言って褒めてあげるのです。少しずつこうした対応を繰り返すことによって、子どもは我慢できることが着実に増えていきます。

もし、適切でない行動をした場合には、本人にとって好ましい環境をつくらないように気をつけます。逆に適切で増やしたい行動には強化が起こるように、良い結果が伴って起きるようにしていきます。

子どもの行動の前後に何が起きているかに着目する

子どもの行動を変えていくために、まず目を向けるのはその行動の前後に何が起きているかということです。

例えば、「手にしていた人形を投げる」という行動があったとします。このとき、その行動の前にあった出来事と、行動のあとにあった出来事の2つを見ます。なぜ子どもが手にしていた人形を投げたのかを探ってみると、行動の前には人形の着ている洋服を着替えさせたかったのにできなくてイライラしたという可能性が考えられます。あるいは、遊んでいたところをほかの子に邪魔されたという場合もあります。

もし、子どもが人形を投げるという行動を繰り返すなら、その人形を投げるという行動をしたあとに何が起こるかを観察します。人形を投げると、大人が慌てて手助けに来てくれる場合があります。あるいは人形を投げると、遊びの邪魔をしてくる友達を追い払うことができます。このように、「人形を投げる」という行動前の出来事と行動後の出来事が子どもの行動に影響を与えています。

そのため、子どもが人形の洋服を着替えさせるのに手間取ってイライラする前に介入できるようにしたり、子どもが人形を投げたことで結果を得ることがないようにしたりと、行動の前後の出来事を操作したり構成したりしていけば、子どもに行動が変わるきっかけを与えることができます。

子どもの行動を4つに分類して理解する機能分析

行動を見ていくうえで知っておかなければならないのは、行動には機能があるということです。同じ「泣く」という行動でも、子どもはお菓子を食べたがって泣いたり、嫌いな野菜を食べたくなくて泣いたり、親にかまってほしくて泣いたり、モヤモヤした気分をすっきりさせたくて泣いたりします。このように、同じ行動であっても、状況によってどんな機能を果たすのかは異なります。行動の機能には次の4つがあります。

◎要求：モノや活動を得るという機能

［例］欲しいものがあるときに欲しいものを手に入れるために泣く

◎**回避・逃避**：目の前の状況を避ける機能

［例］好きではない活動をしているときに、別の活動に変えようとして泣く

◎**注目**：他者の注目を得る機能

［例］相手が自分を見ていないときに、振り向いてもらおうとして泣く

◎**自己刺激**：自分にとって好ましい感覚を得る機能

［例］モヤモヤした感覚があるときに、すっきりした感覚を得ようとして泣く

このように、同じ「泣く」という行動でも、その行動が果たす機能はさまざまです。どんな状況でどんな反応をし、その結果どのような変化が起きているのかに注目し、行動の機能を確認していくことを機能分析といいます。機能分析は子どもの行動を理解して変えていくうえで重要なプロセスです。

DTTで子どもの課題を段階的に克服する

ABAの療育で使用される方法の一つがDTT（Discrete Trial Training）です。日本語では不連続試行と訳されます。一つひとつの課題を細かい段階に分け、各段階において指示→反応→フィードバックの流れを何度も繰り返し練習していくやり方です。DTTでは、基本的には指導員と子どもが席に座った状態で、指導員の指示に従ってトレーニングを行います。まずは子どもが指導員に注目している状態で、指導員が指示を出し、必要に応じてヒントを出します。指示に従って適切な行動ができたら褒めたりごほうびを与えたりします。

身の回りのことへの理解や言葉を学ぶには、例えば、2つのコップを並べる練習を行います。次にスプーンやお皿を近くに置いた状態で「コップ」同士を並べることができたらコップは正しくほかと識別していることが分かります。次にそれらのなかで

「コップはどれ?」と聞いてコップを選べるようにします。ほかのものと見分けることができ、言葉でもコップを理解できるようになってきたら「これは何?」と尋ねて「コップ」と答えることを練習したり、離れた所にある食器のなかから「コップを持ってきて」とコップを選んで持ってきたりする練習も取り入れることができます。そうやって細かい段階に分けて何度も繰り返し練習しながら、コップという食器を見てコップであると理解し、言葉にして、生活に役立てることを学ぶのです。

指導員が指示を出し、それに子どもが反応したら強化子《きょうかし》を与えます。強化子とは行動を増やすものです。子どもに対して指示を出し、子どもが指示どおりにできたとき、褒めるなどの強化子を与えることで指示された行動をすると良い結果があるという経験が積み重なり、その行動が増えていきます。初めのうちは指示をはっきりと明確に出すようにしますが、意図的に徐々に指示をあいまいにしていって、さまざまな相手や場面であっても対応できるようにしていきます。

子どもに指示を分かりやすく伝えるためには、声のトーンを抑え、抑揚はつけずにフラットに発声します。子どもが適切に反応できればその場ですかさず褒めます。褒めるときには声のトーンを上げて褒めていることが子どもに確実に伝わるようにします。

自閉症の子どもの場合、相手が変わることで褒める頻度やヒントの出し方などが異なると、同じ課題であってもうまく学習できないことがあります。声のトーンを近づけることで相手が変わっても指示やフィードバックをされていることが分かりやすくなり、学習の進み方に偏りが起こりにくくなります。

プロンプトを使いこなして子どもたちの「できる」を増やす

指示に正しく反応できるように出すヒントのことをプロンプトといいます。例えば、子どもが欲しいという意思表示ができるように「『ちょうだい』って言って」と言葉でプロンプトを出します。子どもが「ちょうだい」と言えるようになったら、「『ちょうだい』って言って」というプロンプトを「ちょうだ……」と途中までにして、欲しいときには「ちょうだい」と言うのだったなと子どもが自ら気づけるようにしていきます。そうやってプロンプトを徐々に減らしていきます。この例は言語プロンプトに当たりますが、子どもに何をすべきなのかを教えるときに、いかに適切にプロンプトを出せるかは重要です。プロンプトにはほかにも次のようなものがあります。

◎視覚的プロンプト

指示を文字や絵記号で表したのが視覚的プロンプトです。視覚的プロンプトはあくまでヒントであり、それ自体が主要な指示ではありません。例えば、クローゼットからシャツを持ってきてもらうときにシャツの絵を与えるなどということが視覚的プロンプトに当たります。あくまでも指示に正しく応じることを学ぶための補助的な道具であって、子どもが正しく反応できるようになれば使う必要がなくなります。

視覚的プロンプトの一種として位置プロンプトがあります。出掛けるときにハンカチを持っていくのを忘れないようにするために、あらかじめ玄関にハンカチを置いておくなどといったことがこれに当たります。

◎身体的プロンプト

体に触れて課題ができるように導くのが身体的プロンプトです。箱に積み木を入れることを教えるために子どもの手をとって動作を導いたり、おはしを手にとるのを思い出させるために肩を軽くつついてあげたりするのがこれに当たります。身体的プロンプトはほかの種類のプロンプトに比べて減らしていくことが比較的簡単です。

プロンプトを減らしていくときには子どもの体に触れる手の力を弱めていき、一人でできないときにだけ補助するようにしていきます。そうすると、子どもがプロンプトを必要とするのは行動を始めるときだけになり、やがて課題をやり続けるのを思い出させるときにだけトントンと軽く体をつつく程度で済むようになります。最終的にはプロンプトなしで課題ができるようになっていきます。

◎モデリング・ジェスチャー

モデリングとは子どもがすることになっている動作を、順を追って実際にやってみせることです。子どもはそれを見てまねすることで習得すべき動作を学んでいきます。ジェスチャーは唇に人差し指を当ててシーと静かにするように示すものや、手をひらひらさせて「おいで」と招く手のジェスチャーなどがあります。

これらのプロンプトは指示の直後に出します。難しい課題に取り組むときは、プロンプトなしで何度も失敗するよりも、プロンプトを出して成功させてから徐々にプロンプトを減らしていくほうが、子どもたちは楽しく学ぶことができて習得も早くなります。

プロンプトを使う場合には、一人でできたときよりもごほうびを少なめにします。子どもが一人でできるようにしていくためには、プロンプトはできるだけ早く減らしていくのが大切です。また、指示のときに特定の箇所を強めて言ったり、指差しやジェスチャーを交えたりすることも指示への反応を高めるプロンプトとして機能させることができます。

強化子を使って子どもの行動を促す

子どもにとって、おもちゃで遊んだあとの片付けは面倒なものです。しかし、おもちゃを片付けたら自分にとって好ましいことが起きれば、子どもはおもちゃを片付けるようになります。例えば、片付けるという行動の直後にアニメを観る時間になったことで、あとに片付けをするという行動が起こりやすくなるという具合です。このように、行動のすぐあとに子どもに示すことで行動が起こりやすくするものを正の強化子といいます。この例ではアニメを観るということが正の強化子になっています。

逆に、行動のすぐあとに不快な状態を取り除くことでその行動が起こりやすくなるものを負の強化子といいます。私たちは目覚ましアラームが大きな音で鳴り始めれば、アラームを止めて起床しようとします。アラームを止めて大きな音が鳴り響くという不快な状態が取り除かれることで、起床するという行動が強化されているからです。

子どもの行動を強化するうえで、正の強化子を与えるタイミングは重要です。強化したい行動の直後にすかさず強化子を与えなければ、子どもはどの行動が褒められたのかを正確に理解することが難しいからです。

子どもにとって正の強化子になりやすいものとしては、次のようなものが挙げられます。

・クッキー・チョコレートなどの子どもが好きな食べ物
・ミニカーや人形などのおもちゃ
・アニメを観る、公園に行く、絵本を読むなどの活動
・くすぐり、ハイタッチなどのスキンシップ
・「すごいね！」「よくできたね！」などの言葉掛け

何が強化子になるかは子どもによって異なります。また、子どもの状態によっても変わります。大好きなパンが強化子になっていた子であっても、常にそのパンが強化子になるとは限りません。お腹がいっぱいの状態では、どんなに好きなパンであったとしても見向きもしないということがあります。

子どもにとって非常に困難な課題に取り組むときには、課題のレベルによって強化子を替えるという方法もあります。例えば、どうしてもトイレに行くことを嫌がる子どもの場合であれば、その子が大好きなキャラクターの人形をトイレにだけ置いておき、トイレの便座に座れたときのみ遊べるようにするなどといった具合です。

また、同じ強化子を続けて使っていると、やがて子どもが飽きてしまうときがきます。どんなに好きなものであっても成長とともに興味の対象が移り変わっていくのは子どもにはよくあることです。そのため、強化子は必ず同じものにするのではなく、その子にとって今何が強化子になるのかを状況に応じて考える必要があります。あるいは、複数の強化子を出して子どもに選ばせるという方法も効果的です。

褒め言葉を強化子とする場合は、同じ言葉でも声のトーンによって印象が変わるため、子どもの反応や発達段階によって使い分けていくといいです。例えば、子どもに対して「頑張ったね」という言葉を掛けるとき、もしも大人側が子どもの頑張りを称讃するつもりで言っていたとしても、子どもによっては頑張ったけれどだめだったことへの慰めを言われたととらえることがあります。子どもを褒めるときには、明るく元気な声のトーンで話すのが大切です。

ただし、極端に大きな声や高い声は聴覚過敏の子どもには逆に不快感を与えることもあるので注意が必要です。その褒め言葉が自分に向けられた称讃であることが子どもに伝わるように言葉を掛けるようにします。

強化子は徐々に自然なものに切り替えていきます。例えば、最初はお菓子を強化子に使っていたとしても、様子を見ておもちゃや子どもの好きな活動などといったものに切り替えていくのです。

日中の活動を組み立てるときに、子どもが好きな活動からさかのぼっていけば、それぞれの活動が次の活動を強化する強化子として働きます。例えば、その日にやる活動が積み木、ぬり絵、折り紙だとします。子どもが折り紙は苦手だけれど積み木は好きなのであれば、まずは特に好きでも嫌いでもないぬり絵をやらせます。そのあとに苦手な折り紙をして最後に大好きな積み木という順番にしておくと、子どもの好きな積み木が強化子として働くことになります。

このような強化子の説明をすると、強化子を使うというのは、もので釣るということですかという質問をよくされます。これは声を大にして言いたいところなのですが、強化子を使って子どもの行動を変えていくことと、ごほうびで釣ることの間には明確な違いがあります。

ABAの実践の場では、強化子は子どもが望ましい行動をとったときに初めて子どもの目の前に出されます。その行動をとると自分にとってうれしいことが起こることを子どもは学習し、やがてその行動が習慣化し、最終的には強化子がなくても行動がとれるようになっていきます。

それに対して、ごほうびで釣るというのは、子どもが行動する前に、「お菓子あげるから、片付けして」というように事前にごほうびを示すやり方です。そうやってごほうびがあることを分からせたうえで指示を与え行動させることを繰り返していると、子どもはお菓子をもらうことが目的になってしまいます。見掛け上は片付けをするという行動をとっていても、それは単にお菓子のために動いているに過ぎません。子どもの片付けをするという行動は強化されず、お菓子がなければ動かなくなります。これが強化子で行動を変えていくことと、ごほうびで釣ることの大きな違いです。

成功しやすい行動から積み重ねていく

すぐに成功するのが難しい行動を教えるときや、今までの行動のレパートリーにはなかったことを教えるときには、目標にする行動へ向けてスモールステップに分解して教えていきます。

例えば、「ちょうだい」という言葉を発するのが難しい子どもの場合、まずは口を動かす、なんらかの音を出すことができたらたくさん褒めたり、大人が子どもの出している音をまねしたりして音への興味関心を強めます。そのように関わりながら、その子が欲しいものを目の前にして音を出せたときに、子どもが欲しかったものを渡すことを繰り返していくうちに「(ちょう)だい」のように一部分が出るようになってきます。そうすることで徐々に「オーアイ」「ちょうだい」と明瞭性を上げていくことができます。

「オーアイ」と発音している段階では「ちょうだい」と正しく言えているわけではないのですが、この段階では子どもの要求したものをあげるようにします。要求したものをもらえることが強化子として働き、やがて「チョーアイ」と言える段階へ進み、「チョーダイ」と言えるようになっていくのです。このように最終的な目標である行動に向けて、それに近い行動を段階的に強化していくことを行動形成(シェイピング)と呼びます。

行動形成と似た技法に行動連鎖(チェイニング)があります。行動連鎖では複雑な行動を一つひとつのスキルに分解して指導していきます。すでに習得した行動を積み重ねていくことで、目標の行動を学習するのです。積み重ね方には次の2つのやり方があります。

◎順行連鎖化
最初のステップから最後のステップに向かって指導を進めていくやり方です。例えば、ズボンをはくことを教えていく場合はズボンをはくという行動を次のように細かくステップに分けるようにします。

①ズボンを前後正しい方向で床に置く
②ズボンのウエスト部分を両手で持つ
③右足をズボンの右足側に入れる
④左足をズボンの左足側に入れる
⑤ズボンのウエスト部分を腰まで引き上げる

このステップについて、まずは①を教え、①ができるようになったら①と②を続けて教え、それができるようになったら①②③と続けて教えていくというように進めていきます。このように①から始めて一連の手順を一人でできるようになるまで教えていくのが順行連鎖化です。

順行連鎖化では日常的な動作をそれに取り組む自然な手順で教えることができます。

◎逆行連鎖化

順行連鎖化とは逆に、最後のステップから最初のステップに向けて教えていくのが逆行連鎖化です。ズボンをはくという行動の例でいうと、ズボンのウエスト部分を腰まで引き上げるだけのところまで用意しておき、⑤の最後に引

き上げる動作だけを子どもに自力でやらせて、できたことを褒めます。それができるようになったら、④と⑤を続けてできるように教え、さらに③④⑤を続けてできるように教えていきます。

順行連鎖化に比べて早く達成感を得られるので、それが強化子にもなります。教える側にとっても、順行連鎖化よりもやりやすい方法であるといえます。

いずれの場合でも、子どもが自分でできるようにさせるために、新しいステップを教えるときには必要に応じて、順番にかかわらず自分でできるようになった段階については プロンプトを減らしていきます。

教室での療育が日常のなかでの療育につながる

ＡＢＡの実践については、①取り出し学習を②日常のなかでの学習になじませていくことが重要です。①の取り出し学習というのは、ＡＢＡの指導員や親などの指導者が明確な指示や手掛かりを出すやり方です。子どもが苦手なことを細かいステップに分解して取り出し、成功体験を積みやすい環境を整えたうえで繰り返し練習していきます。指導者は指示や手掛かりを出したら子どもがそれに応じるのを待ちます。子どもが上手に応じることができたら、指導者は子どもを褒めたり、ごほうびをあげたりします。逆に子どもがうまく反応できなかったり誤った反応をしたりしたときには、プロンプトを出して子どもがうまく応じることができるようにしたうえで褒めます。

何度も失敗してしまうと子どもはやる気をなくしてしまいます。そのため、指導者は適切なタイミングでプロンプトを出して子どもに成功体験をさせることが大切です。

子どもは褒められたり認められたりすることでモチベーションを保つことができます。指導者はプロンプトを出す頻度やレベルを徐々に調整していき、最終的にはプロンプトなしでも成功できるように導いていきます。

取り出し学習では子ども一人ひとりに合わせて具体的な目標をつくり、記録をつけるようにします。学習の状況が分かりやすいようにグラフなどの形で見える化していくことも有効です。

例えば、初めは10回のうち1回しか成功しなかったのに、回を重ねるうちに成功が増えていき、最終的には10回のうち10回とも成功するようになったということをグラフなどにして一目で分かるようにしておくのです。そうすると、指導者にとっては子どもの取り組んでいる内容が発達段階に合っているか、指導方法は適切かといったことを検証するツールになります。また、データを使うことによって、どの指導員が担当しても学習を積極的に進めたり、見直したりする判断を客観的に判断することができます。それが一貫した対応につながるのです。

②の日常のなかでの学習では、子どもの好きなものや機会をとらえて実践をします。

例えばお絵描きが好きな子であれば、いつも置いている場所にクレヨンがないという状況をつくります。子どもがお絵描きをしようと思ったとき、あるはずの場所に自分が使いたいクレヨンがなければ、自力で探すか、クレヨンを誰かに要求するという行動が必要になります。こういう機会を日常生活のなかにつくることで、他者に要求するということを学べるというわけです。

なかには、指導者に対して要求するということを上手にできない場合もあります。そんなときにはヒントを出します。クレヨンが欲しいときに、クレヨンを持って絵を描く動作を示したり、「クレヨン、ちょうだい」などと好ましい言い方を示してまねさせたりします。子どもにとって難しい課題のときにはこういったプロンプトを適切に使いつつ、日常のなかで練習の機会をつくることにより、子どもにとっては学習したことをそのまま生活のなかで発揮しやすく、定着を促すことができます。

場面や状況が変わっても「できる」ように促す

ある状況について学習できたら、直接教えられていない場面や状況でもできるようにしていきます。これを「般化」といいます。

例えば、家で母親に「クレヨン、ちょうだい」という要求ができるようになったとしたら、保育所などといった異なる場面で同じ状況になったとき、母親以外の相手であっても「クレヨン、ちょうだい」と言えるようにしていくということです。

般化の種類には次のようなものがあります。

・人に関わる般化：親や先生などの顔見知りの相手のほか、知らない相手も含めて誰に対しても反応できる
・状況に関わる般化：家庭、公園、保育所・学校などの公教育の場、お店など、場所

や状況が変わっても反応できる

・時間に関わる般化：時間が経っても、日々そのスキルを保ち行うことができる
・多様な手掛かり刺激に関わる般化：「何歳なの？」と尋ねられても、「年はいくつ？」と尋ねられても、答えることができる
・応答に関わる般化：「おうちはどこ？」と尋ねられたときに、「○○区」や「○○町○○番地」などと、場合に応じていずれの形でも答えられる

このような般化は、何か一つの行動を習得したら必ずしも自然に起こるというわけではありません。意図的に般化を促していくためには、例えば家庭内であれば部屋を替えたり、家を出てさまざまな場所に行ってみたり、さまざまな人と練習したりすることが必要になります。

子どもが集団に適応するために必要なこと

療育を進めていくうえで、定型的な発達をしている子どもは何歳頃にどのような発達をするのかを知っておくことは重要です。

例えば、生後8カ月を過ぎた頃から、50％の子どもが、見える範囲であれば大人が指差すほうを見られるようになります。9カ月以降になると他者と共同注意を形成する力が上昇します。共同注意とは他者の注意がどこにあるのかを理解して他者の態度を共有することや、自分の注意がどこにあるかを他者に理解させて自分の態度を共有する行動のことです。そして、1歳になる頃には要求の指差しが見られるようになります。こういった発達の段階の年齢ごとの目安を知っておくと、子どもに発達の心配があるときに、苦手さがどこにあるのか、どの部分の取り出し学習から始めたらいいのか、気づきを得やすくなります。保育所、学校などの環境と照らし合わせて日常に活かせるスキルを身につけられるようにすることも目指していきます。

また、遊びのスキル（プレイスキル）が少ないことで、頻繁に癇癪《かんしゃく》を起こしたり、泣き続けたり、自分の体を噛むなどの自己刺激をひたすら繰り返してしまうことがあります。そういった子には大人がおもちゃを見せたり、実際に遊んでみせたりして、遊びを売り込んでいく必要があります。その際には、子どもの発達年齢に見合ったものや、新たな遊びに触れる機会を意図的につくっていきます。また、すでにできる遊びがあれば、それに組み合わせる形で遊びを発展させていきます。

就学を視野に入れると、学習する姿勢を学習するということも必要になってきます。小学校への進学準備というと、ひらがなの読み書きや数の理解などの勉強に意識が向きがちですが、45分間の授業を席について受けるためのスキルを身につけておくことも必要です。例えば、先生や黒板への注目や、着席し続けること、授業の科目に合わせて必要な教科書やノートを準備するといったことです。また、授業中だけでなく、登下校や全校集会、給食や掃除などで支援が必要になることもあります。

発達障害のある子どもが集団に適応していくために身につけているとよい社会性と対

人スキルは次のように整理できます（次ページ）。

これらはどれも完璧にできる必要はないですが、内容を個別に練習し、ほぼ失敗なくできるレベルに達したら小集団のなかで練習していくことで、学校などの大人数の集団になじめるようになっていきます。子どもが学校に適応し、いずれは社会で活躍できるようになるということを視野に入れると、マンツーマンでの練習を十分にしたうえで、小集団のなかでも試せる環境が必要になります。

集団行動	・許可を得る ・活動の切り替えがスムーズにできる ・ルールを守って活動に参加する ・他者と協力する ・時間を守る
感情のコントロール	・勝ち負けを受け入れることができる ・嫌なことを落ちついて表現できる ・他者の注目を適切に引く・他者の嫌がることをしない
友人関係	・視線を合わせたり微笑んだりする ・会話を続ける ・他者の興味関心を知る ・他者の状況に合わせた言葉掛けができる
コミュニケーション	・聞かれたことに答える ・順序立てて話す ・手助けを求める ・他者の話を聞いて提案する

第3章

「できる」ことから始めて子どもの成功体験を増やしていく
子どもの発達を促すABAの初めの一歩

言葉の発達が遅い場合は遊びを通じて共同注意を増やし伝える力を養う

周りの子と比較して発語が遅かったり、健診で言葉の心配を指摘されたりすることで、保護者は何でもいいので言葉を発してほしいと言葉にばかり意識が向いてしまうことがあります。日本語は50個の音でできているので、五十音のそれぞれの音を発することができればしゃべれるようになるのかというと、そういうわけではありません。

指導員は言語コミュニケーションの前段階として、社会性の広がりをサポートすることを大切に考えます。言葉を話す力は、人を見るとか何かを伝えたいと思うなど、社会性から先に芽生え始めることも多いからです。通常、1歳頃からまねや指差しといった行動が見られるようになります。ところが、発語が見られない子の場合、実年齢に比べて指差しや他者の物まねをするスキルの発達がまだ伴っていないことがあります。

実年齢の発達段階と照らし合わせて、まねができない、指差しがまだ難しいというような社会性の遅れが見られるなら、遊びを通して人と一緒に過ごすことの楽しさを知ってもらうというところから始めます。もっと人に関わりたいとか、もっと何かを伝えたいとかという他者と関わることの楽しさを感じてもらうことを、最初の目標にするのです。

具体的に言うと、遊びを通して共同注意を行います。

生まれたばかりの赤ちゃんは生理現象として微笑んだり泣いたりしますが、赤ちゃんの「意志」を周りの大人が汲み取る形で、コミュニケーションが成り立っていきます。やがて赤ちゃんは選択的に親だけを目で追ったり、親のほうに顔を向けたり、さらに親に向けて微笑みや声で反応したり、親の表情や声を受け取ることもできるようになってきます。大人の側にとっても、よりコミュニケーションが取りやすいと感じられるようになるでしょう。お互いのやりとりが活発になって広がっていき、親の表情や声掛けに注目するようになってきます。

言葉を獲得するようになる前にはこうして共同注意の力を獲得します。すると、親などが発した言葉と目の前にあるものとを関係のあるものとして結びつけて言葉を学習できるようになります。

例えば親が子どもの前で目の前にいる犬を指差し「あ、ワンワンがいるね」と言ったとします。このときに子どもがワンワンという音声と目の前にいる生き物とが同じものであると理解するためには、親の目や表情や仕草を見て親の目線をたどっていき、親の視線の先にある犬とワンワンという音声が関係のあるものだと学習していきます。

この共同注意に困難があれば、子どもの耳にワンワンという音は届いたとしても、それが犬という目の前の生き物と結びつくことはなく、親が発したワンワンという音声をただまねするだけで、ワンワンという音声が意味するところは理解できないことになります。

共同注意を形成していくためのセラピーでは、一緒におもちゃに触れることから始めます。まず子どもの視野におもちゃが入るように置き、おもちゃに触れるのを手伝います。これによって子どもはおもちゃに興味をもつようになり、やがてそのおもちゃを渡してくれる人への興味が出てきます。

そうやっておもちゃに一緒に触れることから始めて人への興味をもたせていきつつ、遊びのなかで子どもと同じ動作を指導員がやってみせます。すると子どもは指導員に注目するようになり、自分と同じことをしてくれる人への興味が湧いてきます。

そこから子ども自身も人のまねをしてみるということを、遊びを通じて行っていきます。指導員がやってみせた遊びを子どもにもやってもらうのです。

最初は指導員が子どもを手伝いながらやって、徐々に一人でもできるようにしていきます。そういった行動を繰り返していくなかで、子どもは目の前の人と同じことをするとどうやら楽しいことがいっぱい起こる、この人のやっていることをまねすると、ワクワクする結果になる、ということを学習していくのです。そうすると人への興味が高まっていきます。

そのあとに、ＤＴＴで子どもとしっかりと向き合い、繰り返しながら学習を進めていくという流れにつなげていきます。

代わりの過ごし方を見つけて癇癪《かんしゃく》の頻度を減らす

発達障害のある子のなかには、抱っこしていないと泣き続けるとか、常にお菓子を与えていないと泣き止まないというケースもあります。子どもが泣いて癇癪《かんしゃく》を起こすときに四六時中向き合う親は本当に大変です。体が大きくなってくれば、ずっと抱っこし続けるわけにもいかなくなってきます。そういう場合には、指導員が保護者に日常のなかでどういうときによく泣くのかを聞き取ります。そうすると、遊びのスキルの少なさが癇癪《かんしゃく》につながっているのが判明することもあります。

大人であっても話すことや文字を読むこと、映像を観ることなどがいっさいできない状態で、何もすることがないまま毎日を過ごせと言われたらなかなかつらいものがあります。子どもにとって癇癪《かんしゃく》になるときも、どう過ごしたらいいか分からない大人と同じ状況におかれていることがあるのです。

プレイスキルが少ないということは、例えばブロックを渡しても、ただつかんで離しておしまいであったり、子どもによってはおもちゃに触れることすらしなかったりということにもなります。

そういう場合は日常を楽しく過ごすすべがまったくない状態で日々を過ごさなければなりません。まだ言葉を話せないのであれば、そのつらさをずっと泣いて表現したり、人に注意を向けてもらうことで時間を過ごしたりするのも無理のないことです。

まだプレイスキルが少ない場合は、まず落ちついて過ごすことを目指します。そして徐々にコミュニケーションに必要なプレイスキルの習得へと進んでいきます。

遊びというと何をしたらよいのか分からずにいきなりお絵描きやブロックなどを与えてしまう人もいます

が、これらはまだ手先が器用に使えない子どもの場合には思いどおりにできず、興味をもたせにくいことがあります。そのため子どもが扱いやすいものから、遊びを売り込んでいくようにします。

子どもが興味を示したり面白がったりするものはどれかを確認するためには、いろいろなおもちゃを子どもに触らせます。最初は自分から触ろうとしないこともあるので、様子を見つつ、大人が優しく手を添えながら触れさせてみるのも適切です。子どもにとって目新しいものであれば、その分注意を引きやすくなることもあります。

おもちゃは本人の発達年齢と実年齢を見ながら選んでいきます。

複雑な手指の動きが難しい子の場合は、視覚的に楽しめるようなオイル時計や握り締めていくことで感触や見た目の変化が楽しめるスクイーズなどです。これらは特別なスキルがなくても楽しめます。子どもも扱いやすいうえ、百円均一のお店などで手軽に入手しやすいという利点もあります。絵本については、ページをめくるという動作をするだけでもきっかけになります。今の子どもにとって少し中身が難しくても、試してみるといいでしょう。

感情メーターで気持ちが落ちつく感覚を知る

ジャンケンをして負けると大泣きしておさまらなくなってしまうとか、すごろく遊びで一番にならないと癇癪《かんしゃく》を起こしてしまうとか、思いどおりの結果にならなかったときに気持ちの切り替えがなかなかできないことがあります。そういった場面で大人がやりがちなのが、忖度して子どもが勝ったことにしてしまうということです。それでは子どもは何も学習しないまま、また同じような場面に遭遇したときに癇癪《かんしゃく》を起こすことになります。問題を解決するための状況の理解力がないととらえ方が極端になってしまい、ジャンケンで1回負けただけなのに、まるでこの世の終わりとでもいうかのような焦りを見せたり、激しく悔しがって泣いてしまったりする子もいます。

例えばジャンケンで負けてしまったとき、もう1回勝負したいなら、「もう1回やろうよ」と言葉で言うように教えます。ただ、頭では分かっていても気持ちがどうしても

感情メーター

ついていかない子もいます。多くの場合は、気持ちが昂ってしまうのをどうやってコントロールしたらよいのかまだ分からないというケースです。

そういう場合は子どもの気持ちの揺れを感情メーターを使いながら確認します。感情メーターにはさまざまなタイプがあり、インターネット上でも見つけることができます。温度計や信号を模したものや、顔の表情のイラストがついているもの、色のグラデーションで感情を表すものなどがあるので、子どもにとってイメージしやすいものを選ぶといいです。幼児期の子どもであれば、たくさん色があるものよりも信号機のようなシンプルなものが分かりやすい傾向があります。青信号は落ちついた気持ち、イライラし始めたら黄色信号、イライラが限界に達したら赤信号というように、子どもと一緒に確認していきます。

気分が昂ってきたときには「黄色信号になっちゃったから深呼吸しよう」と促したり、お気に入りのものを見ることで気持ちを落ちつかせたりすることも大切です。そうやって、子どもが自分で気持ちを落ちつける感覚をつかむ手伝いをするのです。

ジャンケンの勝ち負けを理解できる段階にある子どもの場合、休憩の仕方を教えて感情が大爆発してしまう前にコントロールすることを教えるのも大事です。感情のコントロールを教えるときにやってしまいがちなのは、子どもが怒るのを大人が叱ってしまうことです。子どもにとって、怒らないことがゴールではありません。怒ってもいいけれど人に許容されるやり方にしようということや、感情が爆発する前になんとかしようということを教えるのが大事です。

そのためにまず行うことは、大人が子どものイライラのサインを見つけるということです。大人同士で話しているときにも相手がイライラしているのを感じ取ることはありますし、仲の良い人同士であればなおさらイライラし始めているのが仕草で分かることもあります。同様に子どものイライラし始めたサインをキャッチしたら、その段階で休憩することを促します。そして「今イライラを落ちつかせることができたね」と褒めることで、感情との付き合い方を教えていきます。

ついつい怒りを爆発させてしまった場面にばかり目がいきがちですが、よく観察していると、実は子どもが感情を抑えている場面もたくさんあります。子どもによって、怒りが爆発するまでの時間は違いますし、何に対して怒るのかということも異なります。ジャンケンに負けたときには怒ってしまうけれど、友達が順番に割り込んできたときには意外と平気な顔をしているということはよくあります。そういう瞬間に落ちついた状態でいることを評価してあげることが大切です。

「待ってカード」で落ちついて待つことを促す

よく「落ちつきがない」と言われてしまうことがありますが、子どもによってさまざまな困難さを抱えており、それぞれにアプローチがあります。

例えば、体の使い方に支援が必要な場合もあります。目の使い方なら視線を一点にキープすることができるかどうか、逆に動いているものを目で追い続けることができるかどうかなどを観察します。というのも、体が動いてしまう原因に目の動きのアンバランスさがあって、目ではなく体のほうが動いてしまうことで落ちつきがなく見える場合があるからです。

また、姿勢をキープするための筋肉が発達しているかどうか、運動の機能などに苦手がないかも見ます。筋力が足りないためにフラフラしてしまったり、運動の機能が発達していないために必要以上に動いてしまったりして、落ちつきがない印象になってしまうこともあります。

あるいは、遊びのスキルがないことが原因になっていることもあります。遊びのスキルがないために走り回るしかないとか、高いところにのぼってしまうとか、目についたものをひたすら落とし続けるといったケースです。その場合は落ちついて行うことができる遊びのスキルを高めていきます。

ある程度会話ができて課題にも取り組めるけれど、静かに座っていることができずに椅子をガタガタさせてしまうなどという場合にはDTTなどのなかで学ぶための姿勢も学んでいきます。

子どもが椅子をガタガタさせることなく座れているときに、すかさず「かっこよく上手に座れているね」と声を掛けて評価します。もし椅子をガタガタさせているときに「椅子をガタガタしないで」と声を掛けてしまうと、子どもは椅子をガタガタさせれば先生に注目してもらえると学習して余計に繰り返してしまうという流れにつながることがあります。そういう場合にはあえて反応せずに黙って椅子を止めるだけにしておき、落ちついて座れている状態が持続しているときに注目することで良い行動を持続させやすくします。

少しの時間、一人でじっとしていてほしい場面で出歩いてしまうような場合は、待つ練習をします。「ちょっと待ってて」と伝えて待ってもらうことを強化するということです。何も渡さずに椅子に座って待ってもらうといった、ただ待つ練習をするということもありますが、「本を読んで待ってて」とか「このおもちゃで遊んで待ってて」

などと伝えて、あえて指導員がそこから離れます。離れている間もちゃんと着席できていたことや言われた行動をして待っていられたということに対して「ちゃんとお約束を守れたね」と評価してあげると、子どもは待つということを理解していきます。

待っててと伝えるときには、待っている間にやってもいい範囲を示しておくと子どもは安心しやすくなります。

いちばん分かりやすいのは座って待っててという指示です。つまり、立ち上がったらアウトということで、子どもの安全を守るという意味でも大切ですし、集団生活とのギャップもありません。学校などで先生が一時的に教室を離れるときに待っててと指示した場合、席を立って出歩くのはよくないとされることが一般的だからです。

自宅であればプレイマットを敷いて「このマットの上なら移動してもいいよ」と視覚的に示すと、落ちつきのない子どもの場合でも理解しやすいです。プレイマットの上におもちゃなどをいくつか置いておき、遊んで待ってもらうという練習もできます。

最終的にはものがなくても待てるようになることが必要です。そのためには「待ってて」のサインを決めておくことが大事です。手のひらを子どもに向けて「待ってて」と示すのが分かりやすいです。

療育の場では「待ってカード」というものを子どもに渡しておき、上手に持つことができていたらカードとごほうびを交換することで、子どもにカードが手元にあるときは待つ時間であることを分かりやすく示すことができます。

最初は個室で指導員が子どもから少し離れたところで別の作業をしている状況をつくり、座って待つ練習をします。そこから離れる距離を少しずつ遠くしていきます。一定の時間が経過したら、指導員は「時間だよ」と言って何食わぬ顔をして戻ります。

戻ってきたときに子どもがちゃんと待っていることができていたら「まって」と書いた「待ってカード」とごほうびを交換します。座って待っているように言っておいたのに立ち上がっていたら、指導員は子どもの手元から「待ってカード」を回収します。そうすると、あとから「待ってカード」とごほうびとの交換の時間になったときに子どもの手元に「待ってカード」がない状態なので、ごほうびとの交換はできません。

家庭でやる場合は、おやつの時間を利用するのがいいです。おやつの時間が近づいたら、お菓子券と称した「待ってカード」をテーブルに置きます。子どもに「ちょっと待っててね」と伝えてその場を離れ、おやつの準備をします。その間、子どもがちゃんと待っていることができたら「お菓子持ってきたよ。お菓子券と交換しようね」とお菓子券と引き換えにお菓子を渡します。もし、待っていることができなければお菓子券は大人が引き取り、待つことができなかったことを示してお菓子は与えません。このようにおやつの時間を利用することで、子どもは自然な流れのなかで待つということを理解します。

周囲の状況をある程度分かるようになってくると、いつまで待てばいいのかを自分で予測できるようになっていきます。おやつの時間まで待つなら、今お母さんがキッチンにおやつをとりにいったなとか、戸棚を開けておやつを探しているぞとか、もうすぐお母さんがおやつを持って戻ってくるから座って待っていようというふうに考えを巡らせることができるようになっていくのです。そのためには他者の行動を見て、今相手が何をしようとして動いているのか、どんな考えで動いているのかを理解する必要があります。この力がつくことは、落ちつきがないことへの対処に間接的に役に立ちます。

周りの人にとって落ちつきがないと感じるのも、本人が、相手の動きをうまく察知してそれに合わせて行動することがまだ困難だからです。他者視点は、例えば電話をしている人に話し掛けたら相手は電話での会話ができなくなって困るということを察知するための力です。

他者視点を身につけるには、前提として指を差して相手と視線を共有する力（共同注意）が育っている必要があります。

他者視点は家庭でクイズ形式で身につけていくことができます。

例えば、子どもからは見えるけれど親からは見えない位置にぬいぐるみなどを置き、「ママに見えると思う？　見えないと思う？」と聞いてみます。子どもの答えを待ってから実際に親のところに来てもらい、見えるかどうかを確認するということを、ゲーム感覚で繰り返します。

あるいは母親と子どもで昼食をとった際に「今日〇〇ちゃんがお昼に何を食べたか、パパは知ってるかな？　知らないかな？」と聞いてみます。難しいようなら「○○ちゃんとママがお昼ごはんを食べたとき、パパはいたかな？」などとヒントを出していきます。そうすると、子どもは「パパはいなかったから、○○ちゃんの食べたもの知らないね」などと他者視点を理解するようになっていきます。

成長に合わせた「できた！」を積み重ねて手先の使い方が分かる

発達障害の子どものなかには、同世代に比べて手先が不器用で食事や着替えなどを一人ですることが難しく、サポートが必要になる子がいます。つまむや握る、引っ張るといった動作単位で課題がある場合、ＡＢＡでは動作を分解してアプローチを考えます。

例えばズボンの着替えが苦手であれば、ズボンをはくという行動をさまざまな動作単位に分解し、ウエストのゴムのところに親指をぐっと入れるために親指の動きを練習するとか、足をズボンの穴に通すためにそれに近い動きを練習するなどといったアプローチをしていきます。

ズボンをはくというのは連続した行動なので、１から順にいくらでも細かく見ていくことができます。子どもをよく観察してその子の苦手な動きが集中している部分を取り出し学習できるように分解の仕方を考えていきます。そして、手順の最初から順番に動作を練習するのか、手順の最後からさかのぼって練習していくのかを考えます。

特に最後からさかのぼって練習する逆行連鎖化であれば、最初はズボンに足を入れたり引き上げたりという動作は課題にしません。ズボンのウエストのゴム部分をお尻のところまで持ってきて指をウエストのゴムに引っ掛けておくところまで手伝い、そこから腰まで引き上げるという最後のステップだけをやれるように促します。逆行連鎖化を使うと「自分でできたね！」とすぐに褒めることができるので、その課題に対する苦手さが大きい場合ほど取り組みやすくなります。このように、目標の動作に近い動作の練習やできそうな部分だけをやってもらうことで「できた！」の達成感をもたせることが大切です。

刺激を徐々に近づけて感覚過敏とうまく付き合っていく

感覚過敏の子どもの場合、よくあるのは帽子をかぶることやマスクをつけること、絆創膏を貼っておくことが難しいというケースです。ついつい最初から完璧な形でつけさせようとしてしまいがちですが、指導員は徐々に距離を近づけたり慣れさせたりする方法をとります。

例えばマスクをつけられるようになる練習をするとき、今までの練習で何回もマスクを出されて嫌な思いをしている子の場合はマスクが見えた瞬間に全力で拒否します。そのため、まずはマスクがただ置いてあるだけで何もしないという状況をつくります。子どもが遊んでいるときに、遠くにただマスクが置いてあるだけというような状態です。子どもによってはチラっと見えただけでも嫌がりますが「大丈夫だよ、置いてあるだけだから」などと声を掛けて、その状態に慣れてもらいます。

やがて子どもは慣れてきて、テーブルの上にマスクが置いてあっても警戒心がなくなっていきます。そうなった頃合いを見計らって、一緒に遊んでいるときに「ごめん、ごめん。ちょっと当たっちゃった」という感じで、マスクを一瞬子どもの手に触れるようにします。そうやってマスクに偶発的に触れる機会をつくっていくのです。

それも慣れてきたら、課題の教材として取り入れます。「まねして」と言って、マスクに一瞬だけタッチするという行動をまねしてもらいます。意図的に触ってもらうようにするためには、このように最初の警戒心を解いてから模倣の教材として使うとやりやすいです。模倣の教材として使うなかで、触る時間を少しずつ延ばしていきます。

そうやって苦手なものとの距離を少しずつ近づけ、子どもがマスクをただの教材とみなすようになってきたら、大好きなおもちゃで遊んでいるときなどにこちらから触れさせてみます。すでに自分から触れるようになってきているので、最初のような警戒心もなくなっているはずです。こちらから触れさせたときに平気であれば、「えらいね」と褒めておもちゃを戻します。この段階から少しずつマスクに触れる時間を延ばします。首や頬、口を順番にマスクに触れさせ、本来のマスクをつける位置に近づけていきます。

マスクへの抵抗をなくしていきながら、遊んでいるうちはマスクをずっとつけるというように流れをつくっていくことで、マスクをつけていても平気な状態になり、2時間の療育の間、マスクをつけていることができるようになります。

いくつものプロセスに分解しているので時間が掛かるように思われるかもしれませんが、うまくいく場合にはその日のうちにマスクがつけられるようになるケースもあります。

このように単品で練習のできるマスクのようなものであれば、プロセスが比較的シンプルです。しかしこれが聴覚となると、状況が複雑になります。聴覚の場合は音のバリエーションが非常に多いからです。

例えば、掃除機の音が苦手な場合であれば、まずは掃除機を近くに置いておくところから始めます。大好きなテレビ番組を観ているときに、近くに掃除機を置いておきます。存在に慣れてきたら掃除機をかけるふりをする、ごっこ遊びも有効です。このとき、電源プラグはコンセントに差さず、スイッチも入れない状態にしておきます。電源プラグを差さなければ音は鳴らないということが理解できている子であれば、その状態を見せ、「音は出ないよ」と示します。そうして子どもが安心した状態で「ブーン」と掃除機の音のまねをしながら掃除ごっこをします。終わったら「お掃除お疲れさま」と大好きなおやつをあげます。掃除機を楽しい遊びと結びつけて慣れていくと、最初は怖くなって大泣きしていた子も1~2カ月程度で慣れていきます。

掃除機自体に慣れてきたら、親に抱っこしてもらってお菓子を食べながら、ドアを閉めた隣の部屋で指導員が一瞬スイッチを入れるという距離から慣れていきます。そこから徐々に距離を近づけていきます。最初は大泣きしていた子でも、「お掃除するから隣の部屋に行っていてもいいよ」と伝えれば、掃除機をしていても別の部屋で楽しく遊んで待っているということができるようになります。

苦手な刺激に計画的に慣らしていくことは、今困っていることを集中的に変えたいときに使う方法です。苦手な音がある場合は、今は動画配信サイトなどでさまざまな音の素材があるので、その動画を流しても落ちついていられたらごほうびシールを1枚あげるというような形で慣らしていくというやり方もあります。動画を使う場合には再生するときの音量を簡単にコントロールできるので、保護者が近くにいる状態のまま、小さな音から始めて少しずつ大きくしていくということもできます。

偏食には食感の近いものからバリエーションを増やしていく

好き嫌いなく何でも食べられるようになってほしいという保護者は少なくありませんが、偏食をする子へのアプローチとして前提となるのは、これは食育ではないということです。ここでいう偏食とは、食べられるものが非常に限られているために十分な食事をとることができず、成長や命に関わるようなケースです。病院で医師に、とにかく食べられるときに食べられるものを食べさせるようにという指導を受けているような場合がこれに当たります。

まずは今食べられるもののリストをつくり、食べられるものに少しでも食感の似ているものから挑戦して幅を広げていきます。

例えば、白ごはんは食べられるが、白ごはんしか食べないのでせめてふりかけを食べられるようになってほしい子で、チョコレートは大好きという子どもの場合、チョコレートを強化子として使うことにし、まずは白ごはんにふりかけを少しだけかけて出します。それが食べられたらチョコレートを与えます。

白ごはんにかけたふりかけに慣れてきたら、ふりかけのバリエーションを増やしていきます。カツオのふりかけが大丈夫になったら今度はのりたまというように幅を広げていくのです。そしてのりたまのふりかけが食べられるようになったら、卵焼きをひとかけらだけ食べてみるというように類似したものから徐々に広げていき、食べられるものを増やしていきます。

遊びの幅を広げて特定のおもちゃへのこだわりを減らす

気に入ったおもちゃに執着している子の場合、こだわっているおもちゃと別のおもちゃを組み合わせて遊びをつくっていくことで、遊びの幅を広げていきます。電車の

おもちゃにこだわっているなら積み木でトンネルを作ったり、タワーを作ったりしてみるという具合です。これをペアリングと呼びます。

好きなキャラクターがついていると、服も食器も文具もお気に入りになるのと同じように、好きなものと組み合わさっているものも好きになるという原理があります。これを利用してこだわっているものと別のものを組み合わせて遊ぶ時間をつくっていくのです。例えば電車のおもちゃと積み木を組み合わせて遊んでいたときに、電車のおもちゃを積み木のトンネルに通す瞬間があれば、それが一つの経験になって興味が広がるきっかけになります。そして徐々にこだわっているものよりも違うものの比率を大きくしていきます。

お気に入りのものをどこに行くのにも持ち歩きたいということもよくあります。どうしても手放したくないという場合は子どもが遊びに夢中になっているときに一瞬だけ隠すとか、タオルのようにカットできるものであれば少しずつ面積を小さくしていくという形で特定のこだわっているものから距離をつくっていきます。

切り替えをしやすくする区切りのつけ方

遊びの終わりの時間になってもうまく切り替えができず片付けができない子がいます。そういう場合には、大人が「お片付けだよ」と言って区切りを意識させます。そのときに遊んでいたおもちゃをいったん手放せたら「お片付けできたから、また遊んでいいよ」と、また遊ぶということを強化子にして、区切りをつけることをほんの短時間から練習していきます。大人が「お片付け」と告げたあとにおもちゃを手から離す時間を、1秒から始めて少しずつ延ばしていきます。

その際には、子どもにとって大好きで手放し難いものからやるのではなくて、比較的片付けやすいものから始めます。おもちゃの入っていた箱のふたとか、子どもにとって執着しにくいものから始めるとやりやすいです。「お片付けして」と言ったときに、子どもが手に持っていたものをしまうことができたら褒めます。片付けをするといいことがあるんだという経験をたくさん積み重ねることで、子どもは遊びに区切りをつけて片付けることができるようになります。

「マッチング」でお片付けができるように

片付けの仕方が分からないという子の場合は、同じもの同士を合わせるマッチングの練習をしていきます。マッチングというのは、ものとものとの識別を学ぶプログラムです。コップ同士を合わせたり、靴を同じ種類同士で合わせたりといったことをします。

完全に同じもの同士のマッチング以外にも、赤色のブロック、黄色のブロック、青色のブロックというように色ごとに仕分けるとか、長方形の積み木、正方形の積み木、丸い積み木、三角形の積み木というように形ごとに仕分けるといった練習もしていきます。それぞれ同じものを合わせるくくり方を変えれば、仕分け方のバリエーションがどんどん増えていきます。

さらに、仕分けて片付けていくためには、仲間言葉のマッチングも役に立ちます。仲間言葉とは乗り物、食べ物、食器、文房具のような、物をまとめて言い表す言葉です。仲間言葉のマッチングは、お皿やコップ、おはしなどの食器の仲間は食器棚に片付ける、電車や車のおもちゃ、飛行機のおもちゃは乗り物のおもちゃ箱に片付けるというふうに分類していくことです。まったく同じもの同士ではなく、乗り物に当たるものは全部この箱に片付けられるということは、乗り物と乗り物以外との識別ができているということです。このマッチングのバリエーションが広がれば、日常生活のなかでできることが増えていきます。

マッチングで識別ができるようになると、それらのものの名前をインプットすることに進むこともできますが、マッチングのバリエーションを広げるだけでも日常のなかでできる行為を増やすことにつながります。

マッチングのスキルがあれば、同じ種類の服を畳んで棚にそろえるとか、同じタグ同士のものを箱に集めておくということができます。将来の就労を考えたときにも非常に役に立つスキルです。そのため、視覚認知が得意な子の場合は、積極的にマッチングのプログラムの質を上げていくのが有効です。

大人から見れば単純な動作でも、バリエーションを増やすことによって自分でできることが増えれば、その子の役割も増えていきます。それは本人の自信にもつながります。

小さな成功体験を積み重ねれば苦手な集団行動も克服できる

集団行動の苦手さの原因はさまざまです。先生が口頭で指示をするときに指示の言葉が長いために聞き逃してしまったり、いつ指示が出るか分からないために準備ができていなくて聞き逃してしまったり、感覚の偏りのためにほかの音を聞いてしまっていたりと、さまざまなことが考えられます。

指示への注目を高めていくことを目標に、まずは個別で狭い空間で近い距離から練習し、徐々に集団のなかでもできるように準備をしていきます。

なかには、ほかの子どもが元気に遊び回っている空間にいること自体が苦痛という子どももいます。その背景には感覚過敏があったり、過去に嫌な経験をしたことがあったりする場合があります。そういった子は、少しずつ集団のなかに身をおくことを慣らしていきます。

まず小集団のなかで活動する時間をつくっていきます。最初は指導員と一緒に見ているだけにして、様子を見ながら指導員のお手伝いという形で少しだけ参加してみたりとか、子どもが楽しいと思えるところだけやってみたりとか、集団という刺激に慣れるということをします。

その一環として、音楽を流しながらみんなで動作をするリズムウォークという活動があります。これは音に合わせて歩いたり、指示役の先生がやった動作をまねしなが

ら歩いたりする活動ですが、これも最初からスムーズに参加できる子どもばかりではありません。泣いてしまう子もたくさんいます。そういう場合は、遠くから見ているだけにしたり、大部屋にいる状態だとパニックになってしまう場合は個室からその活動を見るところから始めたりして徐々に慣らしていきます。個室にいてもドアだけ開けてみたり、個室から出て最後のポーズだけみんなとやってみたりというようにして、距離を縮めていき、小さな成功体験を積んでいくということをしていきます。

保育所などでの集団行動にスムーズになじんでいくためには、保育所でよくやる活動に慣れておくだけでも違います。折り紙や粘土遊びなどといった特定の活動に慣れていないために、戸惑ってしまって参加できないということがあり得るからです。保育所でよく使う折り紙や粘土などの触り方を知っているかどうかは子どもにとっては大きな違いです。たとえ折り紙をきれいに折ることができなくても、折り紙をちぎったり、くしゃっと丸めたりすることができれば、集団から飛び出すことなくその場にいることができます。

発達障害の子どもの場合は、工作に使うでんぷんのりや油粘土の感触に不快さを感じているところに、あれこれ指示を出されて混乱し、あまりの苦痛から逃げ出すということがあります。それらの感触に慣れておくだけでも活動への抵抗感や拒否感を減らすことができます。入所前に家庭で触れさせるだけでも「これ知ってる!」という興味につながり、活動にスムーズに入っていけるのです。

感覚過敏がある子の場合には、手にのりや粘土などがついている状態が続くことが苦痛な場合もあるので、工作の活動をするときには手元に濡れタオルなどを置いておき、すぐに手を拭ける状態にしておくとよいです。こうすれば大丈夫という対処法を教えておくと、子どもは安心して取り組むことができます。

保育所ではたいていの場合、手を洗いに行きましょうという先生の指示があってからみんなで一斉に手を洗いにいくことになります。それだと、手についたものの不快感に耐えられずに泣いてしまう子でも、近くに濡れタオルがあってすぐに手を拭うことができるなら大丈夫というケースも多くあります。保育所とコミュニケーションをとって、自分の子は感覚過敏があり、でんぷんのりが手についた状態にあることが苦手です。工作をする際は、手元に濡れタオルを置かせてやってください、などと伝えておくと、保育所側もどうすればいいかが分かって対応してくれることも多くあります。

順番を待てない子は一番へのこだわりを和らげる

順番が待てない子には、その子にとってこだわりが少ないことから練習するのが基本的な対応になります。子どもによって、待てるときと待てないときがあります。例えば、大好きな給食をもらう順番は絶対に一番でないといけないけれど、手を洗うために水道に並ぶときにはまったくこだわらないという具合です。そういう子には一番でなくても大丈夫だったときを評価します。

勝ち負けにこだわる子の場合には、一番の価値観を変えていく関わりも取り入れます。遊びのなかで、実は二番の人が有利だったというようなルールを入れて、一番でなくてもいいという経験をさせていきます。

すごろく遊びで一番でゴールできないと怒る子の場合、もちろん一番でゴールできたらおめでとうと伝えますが、「友達に『すごいね』って言えた人が優勝だよ」と伝えることでゴールする順位へのこだわりを崩すことができます。そして、勝ち負けへのこだわりをいい意味で利用して、良い行動を引き出して強化することもできます。

あるいは、順位はつけるけれど今日の優勝は三番の人ですなどと、あえてイレギュラーなルールをつくることで、一番にこだわらなくても世の中にはこういったイレギュラーがたくさんあるということを学んで一番へのこだわりをそっと崩していくこともできます。

「友達に優しい言葉を言えた人が一番ね」と伝えると、最初のうちはぶっきらぼうに「すごいね」などと渋々口にします。それでも、その子にしてみたら大きな一歩です。優しい言葉を言え続けていくうちに自然と優しい言葉が言えるようになってきます。優しい言葉を言えるようになるのは、悔しいという自分の気持ちを理解し、悔しいと言えるようになってからです。まずは自分の感情を適切に表現し、不適切に感情を爆発させないという前提があったうえで、他者への称讃につなげていきます。

家庭ですごろく遊びをしていて子どもが一番にこだわって泣き出してしまう場面でよくやってしまいがちなのは、大人が順番を操作して「ほら、ママが負けちゃったから○○ちゃんが一番だよ」と、その場を取り繕って子どもをなだめようとすることです。しかし、この場面で学んでほしいのは自分の感情を適切に表現し、不適切に感情を爆発させないことであり、過剰なこだわりをやめて他者への称讃につなげることなのです。

おもちゃの貸し借りができない子は手放す練習をする

「貸して」「どうぞ」というやりとりは、子どもたちが友達と遊び始めると必ず発生するものですが、誰もが最初からスムーズにできるとは限りません。難しい場合には、最初から友達との間で貸し借りを促すのではなく、まずは大人に手放すことから始めます。大人であれば加減ができますし、子どもも信頼している大人にだったら貸してもいいかなという気持ちになりやすいからです。あるいは貸し借りをする以前に、交換から始めてみるという方法もあります。

いずれにせよ、今持っているものを人の手に渡すということを練習していき、それがいろいろなおもちゃでできるようになった先に、友達との間で「貸して」「どうぞ」ができるようになります。

個人差はありますが、「貸して」「どうぞ」を比べると「貸して」と言うほうが難易度の低い場合が多いです。自分が何か欲しくなったタイミングで「貸して」と言えばよいからです。

貸すことに抵抗を示す場合は、その子にとってあまりこだわりのないものから始めて成功体験を積み重ねていくとよいです。また、やりとり自体がごほうびになるような形で、例えば大人が「貸して」と言ったときに貸してくれたら「ありがとう」と言いながら子どもの大好きなくすぐりをしてあげるなどといった方法があります。

「貸して」「どうぞ」という練習をしていくうえでは、公園で友達とおもちゃの貸し借りをするという場面が出てくることもあります。ただ、突然公園でのやりとりに挑戦しようとすると、失敗したときの心理的なダメージが親子ともに大きくなります。場合によっては公園に行けなくなってしまうということもあり得ます。そのため、公園で挑戦する前段階として、大人が子どもっぽく振る舞って練習します。勝手におもちゃをとろうとしたり、「貸して」と言われても「え？　やだ」と言って貸さないと言ってみたりする行為を、頃合いを見計って入れてみるのです。

公園などで顔見知りではない子ども同士で突然やらせてしまうと何が起こるか分か

らないし、子ども同士では融通も利きません。しかし、大人が子どもを演じることで、実際に子ども同士でやりとりする前の予行練習ができます。

大人が子どもを演じるときは子どもがイライラしない程度に加減して演じます。そうやって少しずつさまざまなパターンに慣らしていくことで少しずつ子どもの「できる」は確実に増えていくのです。

周囲に無関心な子には仲間の輪に入るきっかけを与える

無関心な子どもに関心をもたせるというのは難しいことです。一人で過ごすことに満足できている場合、周囲に関心をつくるほうをとるか、一人で過ごすままで自分の世界を充実させるほうをとるかは、子どものタイプによって判断が分かれます。どうしても周囲に無関心な子どもの場合には、話し掛けたら最低限返事をするという行為で、他者の働き掛けに反応することを強化します。まずは「ねえ、ねえ」と話し掛け

られたら振り向くことを教えます。そうしないと、話し掛けた相手は無視されたと感じて傷つくからです。

過集中になりやすい子どもの場合、そもそも呼ばれていること自体に気づいていないこともあります。トントンと肩を叩く動作を入れながら「ねえ、ねえ」と話し掛けられたら注意を向けるということを練習します。

練習する過程で、どうしても呼び掛けに気づかなければ、気づかせるために遊んでいる手を止めるなどということをしていきます。振り向いたら「こっちを見られて、えらかったね」と褒めて、気づけるようになる状況をつくっていきます。

相手が言ったことに対してとりあえず相槌を打つとか、定型のコメントを返すという練習も有効です。会話を弾ませることはできないとしても、何かを教えてもらったら「ありがとう」と答えるとか、「今日ね、〇〇に行くんだ」などと話し掛けられたときに「そうなんだ」とまずは一言でもいいので答えるといったことです。そうやって比較的万能な返事の仕方を教えておくと、会話は弾まなかったとしても、少なくとも無視はしていないという意味でコミュニケーションをとる練習ができます。

友達の輪に入りたいけれど入れない子の場合は、「入れて」と言いに行く練習をするということもあります。練習を繰り返すうちに、ある程度決まった友達に対してであれば言えるようになっていきます。例えば、子どもの好きそうな遊びを指導員同士が子どもに背を向けた状態でたくさん披露します。次にお手本になる指導員が「入れて」と声を掛け、「いいよ」と入れてもらう様子を目の前で子どもに見てもらってから練習に入っていきます。いきなりすべての状況に完璧に対応できなくても、特定の遊びや、特定の友達にということであれば成功しやすくなります。

特定の友達が見つかると、その子がきっかけになって人の輪に入っていくということもあります。たくさん話し掛けてくれる友達や気の合う友達につられて人の輪に自然に入れるようになることもあります。

自分の話ばかりしてしまう子には会話のキャッチボールを可視化する

自分の話をするのに夢中になって、相手の話を聞けなくなってしまう子には、相手の表情に気づくための練習をします。多くの人は相手の表情や会話の雰囲気などから、自分がしゃべり過ぎていることに気づけます。しかし自分の話ばかりしてしまう子どものなかには、人の表情や反応はおかまいなしにしゃべり続けてしまう子がいます。そもそも人の表情を見ていなかったり、自分のほうにしか関心が向いていなかったりするのです。そこで、まずは人の表情に気づく練習を取り入れていくのです。

いきなり表情に気づくのは難しいので、最初の段階では咳払いなどの音で気づかせて、人の顔を見るということに注意が向くようにしていきます。

大人が咳払いをしたら、子どもに「何？　どうしたの？」と聞いてもらうようにします。子どもから「どうしたの？」と聞くことで、大人から「すごく近いから、離れてくれる？」「ずっと同じお話をしているよ」というフィードバックが得られます。そうやって、どういう状況なのかを聞き出すスキルを練習します。

事前に、大人が咳払いをしたら「何？　どうしたの？」と言うように練習しておくか、文字が読める子であれば「何？　どうしたの？」と文字で書いたものを大人が指差して、セリフの練習のようにすることもあります。

慣れてきたら大人は咳払いから表情の変化に少しずつシフトしていきます。表情の変化というのは、大人が驚いた顔をするとか、嫌な顔をするということです。

ソーシャル・スキル・トレーニングの内容が理解できるような子どもであれば、嫌な表情を見せて、「今どういう気持ちだと思う？」と聞き、人の表情と気持ちを結びつける練習ができます。そもそも相手の表情の変化に気づいていない場合もありますし、表情が変わったことには気づいてもそこから自分の行動をどう変えるべきなのかということに思考が至らない場合もあります。

例えば相手が困ったような表情をしていることに気づけるようなら、「このまま話し続けるか、やめるか、どっちがいいと思う？」という形で聞いてみるのです。そのうえで、どういう判断をすればよいのかということを練習していきます。

この前段階としては、人がどういう気持ちなのかを識別する学習もあります。表情の識別ができていない子どもの場合は、さまざまな表情のカードを用意してマッチングをしていきます。いろいろな人種の人の写真やイラストを使いながら、表情でマッチングさせていきます。知識として感情を学んでいくということが最初の段階です。

あるいは「急にプレゼントをもらったときはどんな気持ち？」とか、「バカって言われたときはどんな気持ち？」というように問い掛けてみます。場面を思い浮かべるのを助けるために、さまざまな場面を描いたイラストのカードを使うこともあります。場面ごとに感情を分けてマッチングしていくというわけです。

家庭で絵本の読み聞かせをしながら「この〇〇くんはどんな気持ちかな？」と話をするのも有効です。絵本には原因と結果が含まれます。原因と結果というのは、例えば電気が消えたという結果があったとして、それはなぜかといえばスイッチを押したからというのが原因となります。電気が消えたということであれば明らかに目に見えるので分かりやすいのですが、これが感情になると目に見えるとは限りません。絵本ではこれが子どもにも分かりやすい形で表現されていることが多くあります。

療育の教室では、イラストを並び替えるカードなどを使って原因と結果を確認する練習をします。場面を描いた3枚のカードがあり、1枚目は駅で線路に帽子が落ちている絵、2枚目は女の子が拾おうとして困った顔をしている絵、3枚目は駅員さんが来て帽子をとってくれた絵だったとします。子どもにカードを見せながら「線路に帽子が落ちてしまったとき、どんな気持ち？」と聞いてみます。「困った気持ち」という回答が返ってきたら「どうして困っているの?」と問います。「線路に帽子が落ちてしまったから」というように、前の事象が感情の理由になっているということをまずは見える形で一緒に確認していきます。

カードなどを見てできるようになったら、それを実際の会話のなかで実践していきます。例えば子どもが「ありがとう」と言ったとき、大人が満面の笑みを見せて「今、ママがなんでこんなにニコニコした顔をしていると思う?」と聞いてみます。「○○ちゃんが『ありがとう』って言ってくれたからだよ」ということを共有して、場面ごとに人の表情から感情の変化を読み取る練習をしていきます。

日常生活のなかで、時には子どもの発言に対して「なんでそんなこと言うの?」と反射的に叱ってしまうこともあります。そういう場合でも、可能であればいったん冷静になって「今、ママの表情見てごらん。どういう気持ちだと思う?」と問い掛けてみます。そして、その表情がどんな感情を示しているのか、なぜそんな感情になったのかを整理して伝えるようにします。

多くの場合、親が怒っても子どもはなぜ親が怒ったのかという、親が怒る前の事象に気づきません。そうすると、子どもにとってはただしゃべっていただけなのに、突然親に怒られたという認識になり、その経験は次回に活かされません。まずは表情に注目させ、親と一緒になぜそうなったのかを整理していくということが大切です。

このように人の感情を読み取って自分の話し方を変えるということの学びは、それがほぼ失敗せずにできるという段階に達してから始まります。

その前段階で必要となる基礎的なスキルは、人と順番に話すという会話のスキルです。会話のなかには「お名前は?」という問いに対して「○○です」という決まり切ったパターンもありますし、「今日のお天気は何ですか?」という問いに対して「晴れです」「雨です」というようにその場の状況に応じて答えが変わるようなパターンもあります。疑問詞によって答えが変わる質問を練習し、経験を積み重ねて相手の気持ちも考えた会話ができるように教えていきます。

会話のキャッチボールを家庭で練習するとしたら、小さいホワイトボードに点をつ

けて「こっちがママで、こっちが〇〇ちゃんね」などと示し、まずマグネットを母親サイドに置きます。そして、「〇〇ちゃん、今日学校であったことを教えて」と言いながらマグネットを子どもサイドへずらしていきます。子どもがこんなことがあったよという話をし始めたら、母親サイドにマグネットを少しずつずらしていきます。子どものおしゃべりが止まらないようなら、母親サイドの点を指でトントンと軽くタップするなどして、会話のラリーをするということを視覚的に示していきます。そうすると、子どもは自分が話し過ぎていることに気づき「ママは今日は何してたの？」というように、子どもから質問を返すことができるようになっていきます。

　この方法は子ども側から話し始めた場合にも使う

ことができます。「順番に話そうね」とホワイトボードを見せながら会話をすることで、子どもは会話のやりとりを学ぶことができます。

ヘルプが出せない子には「手伝ってカード」を使う

クラスのなかでは落ちついて過ごしているけれど、困ったときに固まって動けなくなってしまう子がいます。不意にお漏らししてしまったときに先生に言いに行けないなど、困り感がほかの子よりも強いタイプです。そういう子の場合、困ったときに「手伝って」と言えるように段階を踏んでサポートしていきます。

「手伝って」と相手に言いに行く練習をするわけですが、そういう子は「手伝って」と言葉で発することにすごく抵抗があります。それ以外の会話にはまったく問題がなくて、「ちょうだい」とかいった言葉は話せますし、「今日は誰と来たの?」と聞けば、「ママと来た」などというような応答はできます。それにもかかわらず、困ったと言うことに対してだけハードルが高いのです。

例えば、瓶に入ったビーズをとってほしいけれど、ふたが固く閉めてあるという状況をつくったときに、本人は開けられないくらい固くても、絶対にヘルプを出そうとしません。大人のほうを時々見ながら、開かないという様子は見せるけれど、それを悟られたくないという素振りを見せることもあります。「手伝って」という言葉は知っているけれど言えないのです。普段楽しい出来事があったときのお話などは饒舌《じょうぜつ》に話せることも多いので、大人からすると「困ったときは『手伝って』って言って」とか、「こういうときはママを呼んで」という対応で終わってしまいます。そういう子には、少しだけ困る場面をつくってヘルプを自分から出すことに成功する経験をさせるようにします。

まずテーブルに「てつだって」と書いた「手伝ってカード」を置いておきます。発語を促しても言葉を発すること自体は手伝ってあげられないのですが、カードであれば子どもの手をとって大人に渡すということをサポートでき「ヘルプを出す」という行動をすぐに成功させることができます。つまり人にヘルプを出したときにすぐに助

けてもらえるという経験をさせやすいのです。
初めのうちは子どもが困る場面になったら、大人は「どうしたの？」と知らない素振りをしていて、子どもがカードを手にとって渡すことだけを手伝います。子どもの手の近くに置いておいたカードを、子どもの手をとって大人に渡させるのです。

最初は「カードを渡してね」と伝えても、ヘルプを伝えようとする最初の一歩のハードルがとても高いために、子どもはカードを渡すことすらなかなかできません。困って固まっていると、周りの人たちが心配して集まってきます。そうすると、子どもは困ったときには固まっていればみんなが助けに来てくれるということを学習してしまいます。これは会話ができても自分からはあまり話さないような、比較的おとなしいタイプの子に見られるケースです。

もともとその子どもの資質が関係していることもありますし、発達障害で人とやりとりする力が弱い可能性があるということもあります。基本的に受け身なので、大人側からどんどん介入していくことになり、結果として指示を待つタイプに育ってしまいます。

大人でも、謝りたいのに謝れないということもあります。例えば夫婦間で喧嘩をして早く謝って仲直りしたいけれど、自分から「ごめんね」とは言いたくないから、パートナーが好きな料理を作るという方法で謝罪の気持ちを伝えようとする人がいるのと同じです。それが、より強固な形になっているというイメージです。

カードを渡す練習をしている時点では、「手伝って」と口で言う必要はありません。とにかくヘルプを自分から示すことができたということが大事です。最初は手伝ってカードを出すことから始めますが、自分でカードを手渡すことすら難しくて、ちょっとだけカードを大人のほうへ近づけてきたり、メモ用紙などの上にカードをのせて直接触れずに渡そうとする子もいます。つまり、その子にとってはヘルプを出すことが、それくらいハードルが高いのです。それを言葉で「困ったら『手伝って』って言いなさい」と伝えたところで、到底できるものではありません。カードを手渡すことを練習していくなかで、大人は徐々にカードをもらう手を遠ざけていきます。さまざまなシチュエーションをつくったり、大人が少し離れたところにいたりしても、カードで意思表示ができるようになったら、『手伝って』だよね?」と発語を促していきます。すでにほかの言葉は問題なくしゃべれるようなら、「手伝って」と伝えることのハードルが下がりさえすれば、発語自体は難しくありません。

本当は嫌なのに「NO」と言えない場合もこれに似ています。ただ、嫌だと言えない場合にはカードを使うというより、「やめて」を要求語として練習することが多いです。というのも、「嫌だ」が言えない場合は、目の前に相手がいる場合が多いからです。これに対して、「手伝って」が言えない場合は、相手が離れたところにいるということが多いので、そういった点で練習の方向性が変わるというわけです。

過去のことが話せない子は記憶から答える練習をする

おしゃべりはできるけれど、目の前のことしか話せない子がいます。「今日、保育所どうだった?」と聞いても、質問に沿った答えが返ってこないというケースです。あるいは、聞いてみてもすべて「分かんない」という答えが返ってくるなど、過去の話ができない場合には思い出す練習から始めます。

まず箱を用意しておき、最初にその子の好きなものを「ここに隠しておくね」と伝えて箱の中に隠します。例えば、お気に入りのシールを入れておいたとします。しばらく活動してから15分後に箱を指差して、「ここに何が入ってたかな?」と聞きます。そうすると、その子は好きなものなので、「シール!」と答えます。このように、少し前のことを思い出して話す練習をしていきます。例えば療育の教室では聞くまでの時間を15分、30分と延ばしていき、最終的には帰る間際に「ここに何が入っていたか

な？」と聞いて思い出せるようにしていきます。
何が入っていたかを聞くまでの時間を延ばしていくのは教室では限界があるので、家庭でも宝箱のようなものを用意してもらって、「今日の宝物はこれね」と見せながら宝箱にしまい、次の朝に「昨日隠したのは何だっけ？」というやりとりを練習するとさらに効果的です。日中のお出掛けから帰ってきたあとに「昨日隠したのは何だっけ？」と聞いてみるのもいいです。そうやってまずは具体的なものの名前だけを答えるという形で、目の前から過ぎ去ったもののことを思い出すという練習をしていきます。
それができるようになったら、印象的な出来事を思い出すということに進みます。この場合は場所を使ったものがヒントになるので、例えば療育の教室では前半のほうで普段とは違う部屋を使って好きなゲームやごっこ遊び、いつもとは違う特別なものを使った工作などをしておき、いつもの教室に戻ってから数分後に「さっきの教室では何をして遊んだっけ？」というように聞いて、思い出す練習をします。最終的には思い出すまでの時間のスパンをどんどん広げていきます。

思い出すこと自体はできても、話すテーマを適切に選択できないというケースもあります。「今日何した？」と聞いたときに「朝起きて、階段を下りて、トイレに行って、朝ごはん食べて、朝ごはんは目玉焼きとソーセージを食べて……」と、行動をすべて口にする子もいます。それも確かに今日何をしたかということではありますが、私たちは一般的に「今日何した？」と尋ねられれば、印象深いエピソードを選んで答えます。相手にとってその情報が必要かそうでないかを選択して話しているのです。話の優先順位の判断が難しいと、このように情報を選択して話すということができません。そのため「今日何した？」と問われると考えを巡らせた結果、「えーっと……。分かんない」というように答えてしまうのです。

この場合は印象に残りやすいことを話す練習から始めます。「何した？」という質問に対応するために、まず印象に残りやすい活動をします。例えば、一緒に卓球してみようというように、普段はやったことがあまりなくて、その子が楽しめそうな遊びに誘います。文字が読める子であれば、「たっきゅう」とメモをしておきます。そして、活動が終わってしばらく時間をおいてから「今日何した？」と聞きます。卓球のラケットを残しておいたり、「たっきゅう」と書かれたメモを手元に置いたりしておくことが手掛かりになります。

家庭で練習する場合には大きめのカレンダーを用意しておきます。ホワイトボードのカレンダーや、薬の管理に使うようなウォールポケット型のカレンダーがおすすめです。

カレンダーには、その日の写真を貼っていきます。遊園地に行ったのなら、遊園地の写真を貼ります。夜寝る前にカレンダーを指しながら「今日、どこに行ったっけ？」

と聞くと「遊園地、行った」というように答えが返ってくるようになります。

ホワイトボードのカレンダーであれば、「きょう」と書いたマグネットを使うのもよいです。毎日、その日の箇所に「きょう」のマグネットを移動させていきます。そのうえで、「昨日どこ行ったっけ？」などと聞きます。そのときに正しい答えが返ってくるようになれば、子どものなかで今日、昨日、明日などの概念ができてきたということになります。これを発展させていくと、来週は水族館へ行くなどスケジュールの提示につながります。

カレンダーを使うことで日付の概念が整理されますし、1日に1枚の写真と対応させていくことで一つのテーマについて話すということもやりやすくなります。

保育所でやったことを話すというのであれば、毎日変わるのは給食とかお弁当の中身なので、献立表と照らし合わせながら「今日の給食は何だった？」と聞いてみるのも手軽な方法です。

家庭で取り入れられる療育はたくさんある

療育の教室内で、子どもたちは遊びから多くを学んでいきます。それと同じ環境を家庭でつくるのはなかなか難しいものです。しかし、家庭だからこそできることがあります。

その一つが、お風呂の時間を利用することです。教室では水遊びを取り入れることは物理的に難しいのですが、お風呂であればお湯を使って教室ではできない遊びがたくさんできます。しかも、湯船に浸かっている時間は、必然的に子どもと向かい合う形になりますし、リビングなどに比べるとほかに気が散ることも少ないので集中しやすい環境がつくれます。

お水で遊ぶのが好きで、まだ遊びのバリエーションがそんなに多くないという子の場合、教室でAをBに入れるということができるようになった段階であれば、それを応用してコップの中に入っているお湯を桶に入れるという遊びをやってみることができます。子どもにとっては桶に入れた水をザーッと流すことが自然な形でごほうびになります。

その動きができるようになったら、流していたお湯をお風呂の壁にかけてみたり、床にかけてみたりして遊ぶこともできます。お風呂のなかのコミュニケーションとして、自然な形で水遊びを楽しみながら、子どもたちはできることが増えていきます。

2～3歳くらいの子であれば、お風呂の壁に貼れるようなシート状になった型はめのおもちゃをはじめ、お風呂のなかでしか使えないようなおもちゃで遊びのバリエーションを増やしていくこともできます。そうやって家族と密に向き合う時間が増えると、子どもたちは教室でも療育のモチベーションが上がるようになります。

また、家族だからこそ価値の高まるごほうびが、ハグやくすぐりといった身体的表現です。子どもにとってそれは何よりうれしいものです。

このように家庭だからこそできることや、家族だからこそできることを取り入れることで、子どもたちはより楽しく療育に取り組めるようになります。

第4章

ABAメソッドを段階的に活用して「できる」が増えた子どもたち

個別療育から始めて集団行動ができるようになるまでのロードマップ

発達に心配のある子どもに接しているなかで「なぜこの子はこういう行動をするのだろう」と考えたことのある人も少なくないはずです。ＡＢＡを用いた手法を使って行動を分析し、スモールステップに合わせて練習を繰り返していくと、子どもたちの行動は段階的に変わっていきます。私の経営する児童発達支援教室の実際の事例に基づき、ＡＢＡのアプローチによって子どもたちの行動をどのように見て、どのように接した結果、どんな変化があったのか、発達障害の子どもをもつ親にとって参考にできると思います。

抱っことお菓子の時間以外は泣いてしまっていたAちゃん

療育開始時期：２歳８カ月

Ａちゃんは自閉スペクトラム症の診断がついた直後にお父さんの仕事の都合で引っ越すことになりました。そのため、Ａちゃんのお母さんは知り合いもいない土地勘もない場所で初めての療育の教室を探し、私たちのところにたどり着きました。お母さんがいちばん困っていたのは、Aちゃんは抱っこされているかお菓子を食べるとき以外大泣きをしてしまうということでした。お母さんはAちゃんにお菓子を与えている隙に家事をするしか方法がなく、Aちゃんはまだ3歳前なのにもかかわらず体重は4歳児並みという体格をしていました。

お母さんは落ちつきのある方でした。初めて来たときには「この子、こんなに丸くてまるで毬《まり》みたいになっちゃって……」とセラピストの顔色をうかがうような感じで話されていました。

お母さんは「この子を抱っこしながら家事をするのも限界で、首や肩がつらいんです。だからお菓子をあげながら家事をするしかなくて……」と申し訳なさそうに話していました。子どもに肥満の傾向があることや、その原因として家事をする間にお菓子を与えていることをこれまでに何度も咎められてきたのかもしれないと思いました。

一方Aちゃん本人は療育のための広い部屋が新鮮だったのか、とにかく走り回っていました。まだ人見知りが始まる前の時期だったこともあり、セラピストを避けることもありませんでした。おもちゃなども置いてあるにもかかわらず、部屋のなかをただ走り回るだけという様子から、Aちゃんには何かで遊ぶというようなプレイスキルが不足している状態であることが分かりました。

それでも少しずつセラピストが関わっていくことでものに興味をもつ様子は見られました。例えば、セラピストがスーパーボールのような弾むボールを投げてみたところ、それまではただ闇雲に走り回るだけだったAちゃんがボールを追い掛けて走り始めたのです。

セラピストが一緒に走ったり、ボールを繰り返し投げたりしていると、パッとセラピストの顔を見上げる様子も見られました。そのたびにセラピストは「すごーい！先生のほうを見られたね」というように褒めることを続け、その行為が悪いものではないということを伝え続けていきました。

同じ年頃の子どもと比較すればAちゃんのプレイスキルは低い状態ではありましたが、人にもものにもちゃんと興味をもつ様子が見られ、ちょっとしたきっかけでスキルが上がる余地は十分に感じられました。そのことをセラピストがお母さんに伝えると「すごい。褒めてもらったね」とAちゃんに語り掛け、喜びの気持ちを表現していました。しかしお母さんは喜びを表す一方、褒められはしたけれど、次は何を言われるのだろう、どんな注意をされるのだろうとこちらの様子をうかがっているような表情をして身構えているようにも見えました。

続けてセラピストは抱っこや食べること以外の楽しみがあるということをAちゃんが見つけ、それを楽しめるようにしていくことが大切だと説明しました。そうやって遊びを広げていくことは、泣くこと以外の声を出したり目を合わせたりするコミュニケーション力にもつながります。そうすればお母さんがAちゃんにつきっきりになる必要もなくなり、お母さん自身も楽になるはずです。Aちゃんはすでにできていることもあったので、その先にこんなことが目指せますよという説明もしました。

するとAちゃんのお母さんはキョトンとして意外そうな表情になりました。さらに、言葉のコミュニケーションなんてまだまだ先の話だと思っていたと言うのです。

セラピストとの会話のなかでAちゃんのお母さんは「この子は何もできなくて……」としきりに心配していました。しかしAちゃんはまだ3歳前なので、そんなに心配しなくてもまだまだ伸びしろのある段階です。お母さんにもそこをしっかりと伝えるようにしました。

セラピストとのやりとりのなかで、Aちゃんのお母さんは専業主婦であり、毎日ワンオペで育児をしていて身近に手助けしてくれる人が誰もいないという状況だということも分かりました。セラピストには、それがどれほど大変なことかが身に染みて分かっています。

「家事をするために、子どもを抱っこしたり、お菓子の力を借りたりするのも仕方のないことですよ」と言葉を掛けていました。

そんな話をしているうちに、Aちゃんのお母さんの目からポロポロと涙がこぼれ始めました。Aちゃんのお母さんは「この子は何もできませんね」と否定されるのではないか、「お菓子を我慢させないとだめです！」と叱られるのではないかと不安に思いながら来たのだと話してくれたのです。

Aちゃんのお母さんは自分はお菓子がないと面倒が見られない、お菓子に頼って子育てをしている、だめだと思いながらも毎日繰り返しているのだと涙ながらに語りました。きっと日々自分を責めながらもほかに手段もなく、葛藤しながらAちゃんにお菓子を与えていたのだろうと思います。

Aちゃんは午前中に週2回のペースで通うことになりました。セラピストからは「お菓子を持ってきてください」というお願いをしました。その理由は2つあります。

1つは午前中に2時間を教室で過ごしている間に、必ずお菓子を欲しがるタイミングが来るだろうということが予測できるからです。

もう1つは行動の4つの機能に関わることです。Aちゃんは泣けばお菓子がもらえると思っています。そのときの泣くという行動は、4つの機能のうちの「要求」に当たります。お菓子が欲しくて泣き出してしまったら、「だめだよ」と言ったところで、Aちゃんはお菓子が出てきて自分の要求が認められるまで泣き続けてしまうだろうとセラピストは考えました。そうすると、泣いている時間が大幅に増えることは明らかです。セラピストは泣き続けるうちに療育の時間が終わってしまい、何も学べないということは避けたいと考えたのです。それならば最初からお菓子をゼロにしようとするのではなくて、お菓子を利用して学ぶことにしようと療育の計画を立てました。

午前中の最初の時間は遊びにして、遊びをいかに発展させていくかということに取り組んでいきました。そして中盤におやつの時間をつくります。おやつから終盤の時間への切り替えの際には、もっとおやつが食べたくなることが予想されたので、終盤は抱っこで遊べる活動を入れていき、これを2カ月程度続けました。

遊びの時間については、Aちゃんが初日からボールをチラチラと見て走る様子が見られたのでボールを使った遊びを取り入れていきました。まずはセラピストがAちゃんの手にボールを握らせます。そして、Aちゃんが手を開けばボールは転がっていきます。それを見て楽しむというところから徐々に遊びを発展させていきました。

Aちゃんは床にあるボールを目で追うことができたので、同じ位置にミニカーやコマ、ビー玉が転がるスロープなどを一緒に置き、床の上でボール以外のおもちゃを見せるということもしていきました。

また、Aちゃんはシャボン玉も気に入りました。何度も遊んでいるうちに、シャボン玉が上のほうに飛んでいくのを目で追うこともできるようになりました。

　このようにAちゃんが丸いものを好んで遊んでいることをお母さんに報告すると、最初はかなり追いつめられて余裕のない様子だったお母さんが「ぽっちゃりした自分と似ている丸いものが好きなんですかねぇ」などと冗談を言えるゆとりを取り戻していました。

　遊びの時間の次はおやつの時間です。ここにおやつの時間を入れたのは、おやつを求めて泣き始める前におやつへの欲求を飽和させるためです。しかも、おやつの時間は椅子に座って食べることになるため、椅子に座って学習姿勢をつくることとおやつのおせんべいが出てくるというられしい結果とを結びつけることができるというねらいもありました。セラピストはそのおやつを要求語の教材として使っていくことも視野に入れていました。要求語（マンド）といって、声を出したら何かを得られるという練習をするときにも使えるように、おやつの時間にはおせんべいを小さく砕いて、必ず一つずつセラピストから手渡しし、それをAちゃんが受け取って食べるという時間にしました。

そして終盤の抱っこの時間も、目的は遊びを広げることです。セラピストが抱っこをしながら歌ったり、体を揺らしたり、体遊びをしたりしていきました。子ども向けの番組で人気だった『バスにのって』の歌を使って遊ぶのがAちゃんはお気に入りでした。

セラピストがAちゃんを抱っこしながら、座って遊ぶようなおもちゃを見せていくこともしました。積み木を積んで倒したり、型はめのおもちゃで遊んだり、おままごとをしたりと、さまざまな遊びに触れていく時間をつくりました。

家庭だと、親は子どもが特定のおもちゃを気に入って繰り返し遊ぶ様子を見て初めて「これが好きなら、これもどう?」とか「こうやったら楽しいよ」というように遊びを広げていきます。しかし、Aちゃんのように家庭でおもちゃに興味を示さなかったケースでは、そのようなアプローチをすることができません。遊びを子どもに提案していくのは難しいものです。特にAちゃんは第一子であり、お母さんにとっては初めての子育てです。日常的にお母さんと二人っきりで、ほかの人からの働き掛けもないという環境にあったことを考えると、お母さんがお菓子に頼らざるを得なかったのは仕方のないことだといえます。

こうして3カ月目になった頃、Aちゃんは自力でボールを転がせるようになってきました。ボールを転がすと、手を出して新たなボールを欲しがる様子も見せるようになりました。また、1~2カ月目では抱っこをされながら遊んでいましたが、3カ月目に入ると、一人で座っていても遊んでいられるようになったり、お気に入りのおも

ちゃが決まってきたりしました。

そこで、セラピストは要求語にチャレンジしていくことにしました。それまでおやつの時間にセラピストが砕いたおせんべいを渡していましたが、セラピストが渡しそうだけれどもなかなか渡さないという状況をつくります。Aちゃんから見れば、目の前におせんべいが差し出されているけれど、なかなか渡してはもらえないという状況です。そこでセラピストがいろいろと声を出していきます「パクパクパク」とか、「あーん」とか「おやつ」とかいった擬音や言葉を聞かせるのです。

これを1回言ったくらいでは、まだ子ども側から要求語が出てくることはありません。初めは言ってほしい言葉を聞かせてから、次第に言葉を聞かせてから渡すまでに少々の間をつくり、ほんの少し口が動いたりなんらかの音が漏れたりしたらおせんべいを渡すようにします。そういうやりとりをし始めてから2回目の療育の時間には、Aちゃんはパクパクと口を動かすセラピストのまねをして口が動くようになりました。さらに3回目の療育の時間では、Aちゃんの喉から絞り出すような声が出ました。

Aちゃんから声が出たことをセラピストがお母さんに伝えると、涙目で喜んでいました。お母さんの話によれば、その頃から家庭でおやつが欲しいと泣き出しても少し時間をおくと自然に泣きやむようになってきたとのことでした。テレビを観ながら積み木を触って耐える姿が見られるようになったそうです。また、ごきげんなときは以前遊ばなかったおもちゃに時々触れるようになったという話もお母さんの口から聞けるようになりました。

半年後になると、遊びのバリエーションも増えていきました。ボールなどの球状のものを置いて転がすということができるようになり、その次の段階としてミニカーを床に置いて動かすといった遊びもできるようになっていきました。積み木もただ積み上げるだけではなく、円筒型のものを転がして遊んだり、箱に入れたときの音を楽しんだりといった遊び方もできるようになりました。

そういった成長に伴って、要求語の種類も増えていきました。要求語が出てくる場面が広がってきたのです。お菓子が欲しいときだけでなく、棒を転がす遊びをしているときに、転がっていった棒をとってほしいという場面や、ボールをとってほしいときなどにも声が出るようになっていきました。何か欲しいものがあるときだけでなく、楽しいと感じたときにも声が出たり、おもちゃで遊んでいる最中にうまくいかなくて直してほしいときにも声が出たり、コミュニケーションの幅がどんどん広がっていきました。

そうすると、半年後にはおやつを使わなくてもセラピーができるようになります。そうやって強化子がおやつから自然なものに移り変わっていきました。

家庭でも、転がして遊ぶタイプのおもちゃを近くに置いておけば、おやつよりもおもちゃで遊ぶようになっていったそうです。

Aちゃんは当初、お菓子を食べたり抱っこされたりということがメインの生活だったために肥満の傾向がありましたが、遊びのバリエーションが増え、お菓子を食べる回数や量が減って運動量が増えていった結果、標準体重に近づいていきました。体重が減ったことで体を動かしやすくなり、走るのもより楽しくなっていきます。

それだけではありません。おやつの時間を使って椅子に座ることに慣れ、机上での学習にも取り組めるようになりました。席についた状態でお皿とお皿、お椀とお椀を合わせるといったマッチングに挑戦し、いきいきと楽しそうに取り組む姿すら見られるようになりました。療育を開始してから1年後には、ものの名前を言われたら、該当するものを手にとれるようになり、ものの名前を声に出すことができるまで成長しました。

後日、Aちゃんのお母さんは引っ越す前に自閉スペクトラム症の診断をしてくれた医師に、私たちの教室で受けた療育について話す機会があったのだそうです。そのときに「良いところに出合えたね」と言ってもらえたそうで、私たちもほっとしました。

療育開始時期：5歳

体中が傷だらけだったBちゃん

Bちゃんが私たちの教室を初めて訪れたのは5歳のときでした。Bちゃんの両親はほんわかとした温かい雰囲気で、お父さんもお母さんもBちゃんのことをとてもかわいがっていました。特にお父さんはBちゃんを目に入れても痛くないというようなかわいがりっぷりで、お菓子を求められればすぐに与え、抱っこを求められればすぐに抱っこしてあげるという状態でした。

Bちゃんは食事以外にも常に何か食べているような状況だったので、5歳にしてはずいぶんと大きな体格をしていました。しかし体は傷だらけで、お母さんの話によると、Bちゃんは自分で自分の体に噛みついてしまっているというのです。

Bちゃんが自分の体を噛むのは、感覚刺激を求めてのことです。私たちも蚊に刺されたときなど、痒みをまぎらわすために無意識に皮膚を掻いてしまうことがあります。

それは皮膚を掻くことで一時的に感覚刺激が得られて痒みが和らぐからです。掻くことで痒みを和らげるのに成功することで、皮膚を掻くという行動が強化されるというわけです。Bちゃんが自分を噛んでしまうのも同様で、噛むことで感覚刺激を得ることに成功した結果、噛むという行動が強化されてしまったのです。Bちゃんにとって自身を噛むのは行動の4つの機能のうち自己刺激に当たります。

この場合、噛みつくという行動をどんなに大人が制止しても、なかなかやめることはできません。対処法としては、噛みつくという行動に対処すること、代替行動によって感覚を満たすことの2つが考えられます。

Bちゃんのケースでは、噛んでしまっても皮膚に直接強い衝撃がいかないようにリストバンドをつけるという方法で行動に対処しました。そのうえで、プレイスキルをつけて遊ぶという代替行動で感覚を満たしていくことになりました。Bちゃんはプレイスキルがないために、食べるか自分の体を噛むか、暴れるかという状態になっていたからです。

教室では家族と離れた状態で、セラピストと一緒にものに触れることから学習していきました。Bちゃんはくすぐられることがとても好きだったので、ものに触れることができたらセラピストがすかさずくすぐってあげるという行為を繰り返して、人とコミュニケーションをとることは楽しいことなのだというのを感じられるようにしていきました。

それと並行してものへの興味ももつようにしていきました。Bちゃんの場合はすでに5歳になっており、就学も視野に入ってきていました。おもちゃよりも粘土などといった小学校でも使うものを取り入れました。粘土遊びといっても、何かを作るというよりは、粘土をただ長く伸ばしてちぎっていくとか、丸めた粘土をぎゅっと握りつぶすといった行動が中心です。入学して初めて油粘土に触れると、その独特の感触に耐えられずに授業中に逃げようとする子もいます。しかし、こうやって就学前の段階で触れて慣らしておくと、小学校の授業で使うことになった際にスムーズに入っていきやすくなります。セラピストはそれを見越して、学校の練習になるような活動を遊びとしてどんどん取り入れていきました。

この段階で、Bちゃんはまだ発語には至っていませんでした。そのため、欲しいものの名前を言うとか、視線を合わせるといったことを集中的に練習していきました。そんな練習を続けていた頃です。ある日、家庭でBちゃんがお父さんの目を見てちょうだいと言うかのように、ニコッとしてくれたことがあったそうです。お父さんは「この子を5年間育ててきて、初めてコミュニケーションできた気がしました」と語ってくれました。

5年という年月は、決して短くありません。その日々のなかで、食べているか抱っこしているかしなければ騒いでしまうBちゃんを、お父さんは辛抱強くなだめながら過ごしてきました。お父さんが深い愛情を注いできたことは、セラピストをはじめ、周囲にもよく伝わってきました。ただ、お父さん自身はずっと心のなかで気持ちが通じていないという感覚を抱いていたのだそうです。

Bちゃんは徐々にほかのものに触れる機会が増えて、いろいろなもので遊ぶことができるようになってきました。

その後、お父さんも交えてプレイスキルを高めていき、最終的には軽いプラスチック製のラケットを使った風船バレーを楽しめるようにもなりました。お父さんが一生

懸命に風船のボールを追い掛け、それを見るBちゃんがとても楽しそうにしていたのが印象的でした。

Bちゃんはプレイスキルがついていくうちに自分を噛まなくなり、1年が経った頃には、体もすっかりきれいになりました。

遊びに興味を示さない子どもとどうやって遊んだらよいのかということは、親にとって悩ましい問題です。教室内で行う療育と違い、家庭では日常から切り離した特別なシチュエーションをつくりにくいうえ、限られた時間のなかで家事などもこなさなければなりません。子どもとどうやって遊べばよいか分からないという保護者におすすめしているのは、家事をコミュニケーションの場にしてしまうことです。

例えば、子どもが掃除機を持てるようなら手伝ってもらい「そうそう、上手、上手！」と褒めつつ、遊びながら家事もこなしていきます。子どもに手伝ってもらうと余計に手間が増えることも多いかもしれませんが、子どもにとってはお母さんの役に立てたという自信にもつながります。

５歳でも発語がいっさいなかったCくん

療育開始時期：５歳

Cくんは５歳になっても発語がいっさいなく、手を目の前でひらひらと動かして見続ける常同行動が続いていました。初めてCくんが私たちの教室に訪れたとき、Cくんのお父さんもお母さんもここでだめだと言われたらもうあとがないと、意を決した感じが伝わってきました。

セラピストはCくんの発語を促すために、一緒に遊びながら、Cくんから要求が出る機会をたくさんつくっていくことにしました。その前段階として、とにかく言葉を聞かせるということから始めました。最初は一緒に遊びながら擬音をたくさん聞かせていきます。ままごと遊びでまな板の上で包丁を使って切るときの「トントントントン」とか、列車のおもちゃで遊ぶときの「シュッシュー」とか「ガタン、ガタン、ガタン」というように、遊ぶときに音をたくさんつけていきました。そしてCくんが偶然音を発した瞬間にすかさず「上手にまねできたね」と褒めます。そうすると、Cくんは音を出すと喜ばれて、たくさん遊んでもらえるし、たくさん褒めてもらえるという経験を積み重ねていくことになります。そうやって、とにかく音に触れるということに多くの時間を使いました。

Cくんは週3回の頻度で通い、3カ月が経った頃に少しずつ口から音が出始めるようになりました。その後、徐々に発する音の数が増えていきました。やがて、セラピストが「貸して」と言ったときに「……て」と断片的に音を出すこともできるようになってきました。

Cくんの場合は、日曜にお父さんとお散歩に行くのが習慣でした。日曜にお父さんとCくんが出掛けている間に、お母さんは家事をこなすというのが家族の休日のお決まりのパターンになっていたのです。ただ、Cくんにとって日曜のお散歩は手持ち無沙汰なままに歩かされているという状態で、退屈なものだったようです。そのため、そのお散歩コースのなかで唯一いきいきするのが、大好きなファストフード店を見つけたときでした。お店が近づくと、Cくんはお父さんを振り切って駆け出していってしまっていたそうです。5歳児のダッシュを制止するのにお父さんは一苦労でした。

せっかくの日曜のお散歩を、Cくんにとって有意義な時間にできないものかとセラピストが考えたのが、Cくんに写真を撮ってもらうということでした。Cくんはもともとタブレット端末が好きで家庭でも日常的に使っていました。しかし、その使い道はもっぱら動画の視聴とのことだったので、セラピストはそのタブレットのカメラ機能を使って、お散歩中に写真を撮ってみてはどうかと提案したのです。

次の日曜から、Cくんはお父さんとのお散歩にタブレットを持っていくようになりました。一緒にお散歩をしながら、気になるものがあったら立ち止まって写真を撮ります。写真を撮るということを考えながら歩くと、いつもの退屈なお散歩がCくんにとって楽しい冒険のコースになりました。Cくんが撮った写真を見た人が「すごいね、よく撮れてるね、かっこいいね」と褒めてくれることが強化子として働き、Cくんはどんどん写真を撮ることに夢中になっていきました。

Cくんはもともと鉄道が好きだったので、やがて電車の写真を撮りにお父さんと出掛けるようになりました。撮った写真はお父さんが家庭のプリンターで印刷してくれるので、Cくんにとっては写真を撮って印刷して人に見てもらうことが大きな楽しみになりました。

それまでお父さんはCくんと二人で何をして過ごしたらよいか分からないと悩んでいたのだそうです。それがお父さんのほうから「今度はこの電車を撮りにいってみようよ」と提案するなど、関わり方が変わっていきました。タブレットの存在によって、お父さんとCくんにとっての過ごし方の一つのモデルが確立されることになりました。

Cくんとお父さんが撮影散歩から帰ってくると、家族での会話も弾みます。お母さんが「今日は何線に乗ってきたの?」と聞くと、Cくんは「ぅうおせん(中央線)」と発音が不明瞭ではありますが自分から発語するようになりました。家族みんなで一緒に写真を眺めながら電車の名前当てクイズをするなどのコミュニケーションもできるようになりました。以前は、ずっと動画を観続ける道具に過ぎなかったタブレットが、発語を促すきっかけにもなり、楽しく余暇を過ごすツールにもなったのです。

Cくんは動画を観始めると同じ動画の同じ場面ばかりを繰り返し観るので、お母さんはそれが良くないのではないかと気になり、大きなストレスになっていたそうです。今ではCくんが一人で動画を観るよりも、Cくんが撮った写真を家族で見返しながら思い出を語り合う時間が増えて、家族みんなにとってかけがえのないひとときになっているそうです。

その後、Cくんは特別支援学校に進みました。あるとき遊びにきてくれて「この曲、卒業式で歌うんだよね」と言って歌を披露してくれました。まったく発語のなかった

5歳の頃からすると、Cくんはめざましい成長を遂げていました。担当セラピストは、お母さんと手を取り合い「長い道のりだったけど、良かったですね」と涙を流しながら感動を分かち合っていました。

就学半年前にやってきた落ちつきのなかったDくん

療育開始時期：5歳

なかには、小学校入学の半年前くらいに駆け込みで来る子どももいます。セラピストたちは、そういった場合にも短い期間のなかで何を支援すれば役立つことをしてあげられるだろうと考え提案をしています。

Dくんはもともと別の療育に通っていましたが、家から遠く離れているため通うのが大きな負担になっていたところに家の近所に新しくできたということでやってきました。

Dくんはいわゆる落ちつきがないと言われてしまいやすいタイプの子でした。知的障害がありましたが、お笑いが好きで人気の芸人さんのギャグをすぐに覚えて絶妙なタイミングでみんなの前で披露する人気者だったのです、内臓疾患があったので入退院を繰り返しており、体は同年代の子に比べて小柄でした。セラピストは小学校入学までの半年間で何ができるだろうと考えを巡らし、名前をひらがなで書くということを通して、決めたことを最後までやりきるということにチャレンジしましょうと提案しました。

Dくんの両親は大企業に勤めていて、Dくんには年の離れた優秀なお兄さんがいました。お母さんはDくんに対して言うべきことはピシッと伝えるという方針で、社会に出て困ることがないようにきちんとしつけるという姿勢で接していました。海外からの留学生をホストファミリーとして受け入れているという環境も手伝ってか、Dくんはとても社交的な子どもでした。小学校では特別支援学級に行くということは決まっていて、会話の面では十分だし、社交性も十分なのであとは勉強する時間にどう振る舞えばよいかということが学べれば、学校に行ってからも役立つだろうと担当セラピストは考えました。

Dくんはアルファベットの T の字を認識していて、ものを T の形に組み合わせると「ティー！」とうれしそうに発音していたので、文字の学習に挑戦することにしました。

特に自分の名前が書けるようになれば、できたときには喜びもひとしおで、Dくんは勉強が苦手だと考えているDくんの家族を感心させることができるかもしれないと、ひらがなで自分の名前を書くということに挑戦することにしました。

まずは、名前の最後の一画だけが抜けているシートを用意しておき、最後の一画を書けたら「お名前書けたね！」と褒めるところから始めました。Dくんが書いたシートを看板のように教室に飾って、「今日はこのお部屋がDくんの教室だから、ここに貼っておくね」と伝えるとDくんは誇らしげにそのシートを眺めていました。その様子を見たほかのセラピストからも褒められるという経験をし、Dくんは出来上がったものがみんなから注目されるというごほうびで、文字の練習をするという行動が強化されていきました。

また、並行して文字カードを使った名前の穴埋めクイズもやっていきました。名前

の1文字だけ抜いておいて、「ここに入るのはどっちだ？」と文字カードを2枚見せて正しいほうを選ばせるということをしました。1文字の穴埋めができるようになったら2文字の穴埋めに、と抜けている文字の数を増やしていき、最終的にはすべての文字を並べられるようにということを進めていきました。

それができるようになったら、文字カードを並び替えて名前をつくるということもやっていきます。こういった行動を通して、まだ文字が書けなくても、字の形を目で覚えていくのです。

Dくんが私たちの教室に通い始めて半

年ほど経ったお正月休み中、自力で書いた自分の名前を親戚一同に誇らしげに見せていたという話を、Dくんのお母さんから聞きました。休み明けにはノートを持ってきてくれて、「これでおじいちゃんと一緒に名前の練習したんだよ」とうれしそうに見せてくれました。そのノートは文字の練習に使われるようなマス目の入ったものではなく、無地の自由帳でした。枠のないノートにさまざまな方向からDくんらしい元気な文字が書かれていました。そのノートからは楽しく練習していたことが伝わってきました。

担当のセラピストがもともとDくんは注目されるのが好きだということをよく理解し、その気質を活かして学びを進めていったことで、Dくんは入学前に決めたことをやり抜くという成功体験を経験することができました。これから先もこうやって新しいことを身につけていってくれたら、もしかしたら何か秀でた才能が開花して、すごいことを成し遂げるような大人になるかもしれないと思わずにはいられませんでした。

Dくんのように、「落ちつきがない」とされがちな特性があっても、先生や親がそれを活かせるような接し方をしていけば、子どもの可能性が開けていきます。

言葉を正しく発音できなかったEくん

療育開始時期：3歳

Eくんが初めて来たのは3歳のときでした。3歳という年齢からすると、知っている言葉の数は多いのですが、発音が不明瞭なためにお母さんもなかなか聞き取れないという状態でした。発音以外には問題がないので保育所に通い始めたものの、自分の言っていることを分かってもらえなくて泣いてしまうことや、お話するのをやめてしまうときがあることをお母さんは心配していました。

家族でお出掛けに行くことの多いアクティブな家族だったので、どこに行ってどんなことをしたという話をよくしていました。そのため、Eくんの会話には名詞がたくさん出てくるのですが、音が不規則に入れ替わってしまうので、Eくんが言おうとしていることがなかなか周りに伝わりません。一般的によくあるケースでは、本人にとって発音が難しい音が規則的に置き換わります。例えばサ行が苦手な子であれば「S」の音の発音がうまくできないために「さかな（SAKANA）」から「S」の音が抜け落ちて「あかな（AKANA）」となってしまうケースです。あるいは「たかな（TAKANA）」というように「S」の音が「T」に置き換わるというケースもあります。ところが、Eくんの場合は規則性がなく置き換わっていました。

まずは発音の練習を直接的にやっていくのですが、Eくんの傾向としては寿司だったら、「ス」とか「シ」とか1音であれば言えるのですが、単語になると音が置き換わったり抜けてしまったり、何を言っているか分からないという感じでした。そこで、ドットを使って、言ってほしい文字数の丸を書いて指差しながら、1音ずつ発音してもらうということをいろいろな単語でやっていきました。最初はほとんど言えるような身近な単語からスタートし、Eくんが苦手としていたサ行やタ行などの舌先を使う発音を含む単語をピックアップして練習を進めました。「しんかんせん」や「さかな」といったような単語を、ゆっくり発音できるようにしていきました。

そういった発音の練習は、成果が出るまでに時間が掛かります。また、子どもにとってはなかなか思いどおりにいくものでもないので負荷も掛かります。そのため、並行して上手になるまでの手段として、さまざまな場面で知っている言葉を話す機会を多くつくっていきました。絵本のなかの登場人物や身の回りのものの名前を答えてもらったり、簡単ななぞなぞに答えてもらったりして、知っている言葉を楽しく発言することを増やし言い慣れていくようにしたのです。そして、セラピストが「動物の仲間には何がいる？」と聞き、「ウサギとキリンと、ゾウとライオンと……」というように対話形式で分類の概念を扱えるように教えていきました。

Eくんの言っている名詞が何か分からないときは、乗り物なのか動物なのか人物なのかというのをまず聞いてみて推測できることもあります。

一般的に発音の練習だと、練習を重ねていけば上手になっていきますし、スムーズに言えるようになってきます。ダンスを覚えるかのように、口の運び方のコツをつかんでいく感じで覚えていきます。練習を繰り返していると、あるとき会話のなかで不意に、いつもよりきれいに「しんかんせん」と言えているという瞬間が出てきます。それでもまだ言えない単語もあるので、できない部分を補いつつ続けていくことで、Eくんは話すことが嫌いになることもなく、上手になっていきました。

より美しい発音の仕方に大人になってから取り組む人もいますし、小学生くらいになって始める人もいますが、そこは時に言語聴覚士に判断を仰ぎながら進めていきます。私たちの役割は、2年くらいのスパンでコミュニケーションをとるのが嫌にならないように導くというところです。

療育を開始する前、保育所でからかわれて泣いて帰ってきたEくんでしたが、3年後に卒所する頃には発音が上手にできるようになり、みんなと楽しくコミュニケーションをとれるようになりました。

偏食のために低血糖で倒れてしまったFちゃん

療育開始時期：2歳

Fちゃんは2歳になっても全然食事をとることができず、唯一食べられるのは特定のメーカーの1種類のパンだけでした。そんな状態だったので低血糖で倒れて病院に運ばれたこともありました。医師からは「とにかく食べられるときに食べられるものを食べさせてください」という指導を受けていました。

初めて私たちの教室に来たときにはそのパンすらも積極的には食べないという状態でした。発語はありませんでしたが、認知は高く、人のことをよく見ていて警戒心が人一倍強い子どもでした。

セラピストが「まねして」と言ってパンをつかむ動作をして見せても、パンをつかむ寸前まではするのですが、そこから先には進みませんでした。本当はできるはずなのに、Ｆちゃんは相手の範疇に入ってしまうことへの警戒心がとても強かったのです。

Ｆちゃんの偏食への対応として、セラピストはとにかく食べ物に触れる機会をたくさんつくっていきました。教材もパンをちぎったものを使っていきました。セラピストは「全然食べなくていいよ」という姿勢を見せて、いろいろな食べ物に触れさせて、触覚で慣れるということから始めていきました。触れるようになってきたら、「まねして」と言って食べ物を少しずつ顔に近づけることに挑戦しました。だんだん顔に近づけていき、さらに口に近づけていくというように、食べ物との距離を徐々に縮めていきました。

食べ物との距離が縮まっていったら、今食べられるもののリストをつくり、少しでも食感の似ているものから幅を広げていくというやり方をとりました。

Ｆちゃんの場合であれば、ある特定のパンから徐々にバリエーションを増やしていきました。パンに慣れてきたらそこから食感や味の似た食材にチャレンジしていきます。Ｆちゃんも少しずつ食べられるもののバリエーションが増えていきました。

ある日、担当のセラピストはお母さんからお弁当にオムライスを入れたという情報を得ました。そこで、その日の活動では粘土でオムライスを作る遊びをしました。その粘土遊びを十分に楽しんだあと、「実は今日、同じのがあるんだよ」と言って、Fちゃんのお弁当を広げました。粘土遊びのときに、粘土でオムライスを作って食べる活動をしていたことで抵抗がなくなったのか、Fちゃんはパクッと食べてくれました。迎えにきたお母さんはFちゃんの口の周りにオムライスのケチャップがついているのを見て、涙ぐんでいました。

当初は特定のパンしか食べられず、それさえも積極的には食べられなかったFちゃんでしたが、保育所に入る頃には食べられるものが増えていき、お母さんの作ってくれたお弁当を平らげるほどに成長しました。

第5章

子ども一人ひとりが
小さな「できた」を積み重ねれば
ハンディキャップがあっても
社会で必ず活躍できるようになる

療育から学校教育へスムーズに橋渡しするために

授業中に席に座っていること、列に並ぶこと、学校や保育所等の時間割どおりに動くこと、これらは定型的な発達をしている子どもからしたら当たり前のことかもしれません。しかし、発達障害のある子どもたちは、それらの行動ができるようになるまでにいくつもの小さなステップを繰り返し練習します。児童発達支援の現場では、そういった子どもたちの頑張りや家族のサポートを間近に見てきているので、子どもたちの成長を目の当たりにすると涙が出るほど感動します。

そうやって困りごとを一つひとつ解決して療育を終えると、それから先は学校という環境のなかで子ども自身が自力で暮らしていかなければなりません。療育を頑張ってきた子が、せっかく一歩踏み出したのに学校ではうまくいかず、再び療育に戻ってきてしまうということもないわけではありません。それは教育側だけの問題だとか療育側だけの問題だというわけではなく、双方が連携してともに取り組んでいく課題だと私は考えています。

療育から教育へのスムーズな橋渡しのために私たちができることは、個別療育のなかで先生と子どもとの関係性でできた行動を、子どもが学校などの集団のなかでもできるように般化していくということです。

マンツーマンや少人数で細やかなケアができるというのは療育の利点ではあります。しかし目指すべきゴールは特別に設えた環境で問題なくできることではありません。学校で30人の集団に入ったときにも子どもが自力でできるようにしていくことです。療育の教室のなかではできても外に出たら困ってしまうというのであれば、教育の網の目からこぼれてきた子どもをただ受け止めただけに過ぎません。療育が教育への橋渡しの役目を機能させていくには、優しさだけでなく、子どものことを思うがゆえの厳しさも必要です。優しさと厳しさのバランスをとっていくことは、今後の療育の課題だといえます。未来ある子どものことを本当に考えるのならば、手厚くケアし過ぎて子どもの自立の機会を奪うことがないようにするべきだと私は考えています。

目指すのは教育・医療・福祉の連携がとれた社会

本来であれば、教育のなかで発達障害の子どもたちのフォローができれば、すべて教育のなかで完結するはずです。その教育の網の目からこぼれてしまった子のために、私たちのような福祉職が存在しています。

児童発達支援の立場から学校教育の現場を見ると、教育現場が非常に忙しいということは間違いありません。そんななかでクラスに適応できない子の対応はスクールカウンセラーや保健師に任されがちです。発達障害などで学校になじめなかった子どもは、そうやっていったん教室から切り離されてしまいます。教室から切り離された子どもは、心理検査を受けたり、発達検査を受けたり、保健師の見立てを受けたりと、医療の分野のさまざまな異なる軸からあれこれと言われることになります。そうやって、お子さんにはこういう発達の遅れがありますよという診断が出て福祉に回されます。

福祉の人間はそうやって時間と労力を掛けてされた検査のスコアは基本的にあまり見ません。なぜなら福祉には医療器具や検査キットや薬などがあるわけではなく、スコアを見たところで我々には参考程度にしかできないからです。

そのため、福祉がするのは保護者への聞き取りです。アセスメントといってカルテのようなものがあり、保護者からどんな困りごとがあるのかを聞いて、どうすれば困りごとが解消するかということを考えていきます。そのときに、学校の先生がどのように対応して、どのような点が問題だったのかという記録があれば、今後の方針を決めていくうえで非常に役に立つはずなのです。本来の発達段階とのギャップがどこにあって、その程度がどれくらいなのかということを学校は把握しているはずですが、その情報は医療にも福祉にもなかなか共有されません。それで医師は診断をするためにさまざまな検査をするわけですが、その検査のスコアは学校にフィードバックされることもなく、福祉でそのデータを使うこともありません。よほど重篤な状態にあって、すぐに服薬しなければならないとか、治療しなければならないというのならそういったデータも有効ですが、それはまれなケースです。

それで、福祉にたどり着いた子どもや保護者に、療育を開始する前に再びゼロから困りごとを根掘り葉掘り聞くことになります。子どもや保護者の立場からすれば学校も病院も療育の事業所もすべてがファーストコンタクトとなるので、心理的にも負担となります。

何よりいちばんつらい思いをするのは保護者です。学校から自分の子どもは問題を抱えている、と言われて傷つき、医療では予約をとるところから苦労してさまざまな検査をしたものの解決策が得られるわけでもなく、最後にやっとたどり着いた福祉では傷口をえぐるように根掘り葉掘りいろいろなことを聞かれるという状況におかれるのです。この現状を変えていくために、教育・医療・福祉が連携できるように社会の仕組みをインクルーシブに整えていくべきだと私は考えています。

困りごとがあれば一歩踏み出すことが大切

児童発達支援の現場の実感では、本来サポートが必要な児童生徒であっても、そもそも療育の存在を知らなかったり、そのうちなんとかなるだろうと放置していたりする人が非常に多いです。

子どもに困りごとがあることを察知したら、私たちのような児童発達支援の事業所はもちろん、学校でも病院でも、行政の窓口でも相談の第一歩を踏み出すことです。現時点ではそれぞれの連携が弱いとはいえ、制度としてはつながっているので、児童発達支援の事業所に相談に来てもらえば必ず行政につなぎます。そうやって適切な療育を受けられる道筋をつくることができます。

もちろん、発達障害があっても、社会に出るまで気づかずに何の困りごともなく成長していく人もいますし、自分の特性を活かして社会で活躍している人もいます。しかし適切な療育を受けられなかったことで学校や社会でつまずき、自尊心を傷つけられて二次障害といわれるような症状で苦しむ人も大勢いるのが現実です。

ただ、子どもの場合は周囲が子どもの困り感に気づかなければそのまま見過ごされてしまいます。

大人のＡＤＨＤといわれる人たちのなかには、一つのことに集中すると周りが見えなくなるという特性がある人がいます。例えば、靴紐を結んでいると靴紐にだけに集中してしまい、脇に置いてあったカバンを持たずに会社に行ってしまうなどといったことが頻繁にあるという具合です。この例はＡＤＨＤの典型な症状ですが、丁寧に聞き取りをしてアセスメントをすると高度な作業である紐を結ぶという行動だけを取り出せばできていたり、電車に乗って会社に行くこともできていたりします。そうやって一つひとつの物事を見ていくと、何の問題もないということになり、むしろちゃんとできているとさえいえます。そういったケースでは、10分程度の聞き取りをしただけでは何と何が関連し合って生活のなかに困りごとをつくりだしているのかということまでは明らかにできません。

大人でさえそうなのですから子どもの場合はより複雑です。保護者が子どもの困り感に気づいていれば、保護者から聞き取りができますが、保護者が特に問題を感じていなくて、子ども自身も自分の口で説明できないようであれば介入は難しくなります。日本の医療や福祉は基本的に事後に動きます。怪我をしたとか、困ったとか、トラブルが起こったということがなければ動けません。行政サービスも人のプライバシーに関わることに踏み込んでいくのはなかなか難しいというのが現状です。

そのため「困りごとがあれば、迷わず声を上げてほしい」というのが、現在の仕組みのなかで福祉に携わっている私の切なる願いです。

ただ、療育にはできることもあればできないこともあります。例えば、衣類の着替えができないということに関して、もしかしたら着替えのコツを知らないだけかもしれないので、障害特性ばかりを見ても仕方がありません。このようなしつけや子育ての部分に焦点を当てればよいはずのことでも、障害ではないかと疑ったり、療育に任せてなんとかしてもらおうとしたりするのは乱暴な考え方です。小さなことに目を向けて療育の必要性に気づく視点と、大きくとらえて楽観的に伸び伸びと育てていく視座の遠近感を常に柔軟に行き来できると、より豊かな子育てにつながっていくはずです。

傾聴とリフレーミングで子どもたちと接していく

発達障害の診断が出るまでにはさまざまな検査を受けることになります。検査によって多方面から客観的に分析すればするほど、無数の問題点が出てきてしまいます。そうすると、どんどん物事のマイナス面ばかりが目につくようになっていき、ふさぎ込んだり絶望にかられたりしている保護者を私はたくさん見てきました。

その一方で、どんなことがあってもポジティブに生きようとする保護者にも多く出会います。目の前の現実がつらいものであっても楽観視しようと踏ん張り、笑顔で子どもと接する保護者の姿のなんと尊いことだろうと思います。そんな保護者と接すると胸が締めつけられるような気持ちになるのと同時に勇気づけられます。

子どもと接するときには傾聴から始めることが多いです。そしてさまざまな視点から見ることが必要です。福祉ではリフレーミングという言葉がよく使われますが、フレームをとらえ直して、子どもたちに接するようにします。例えば、登校時間まであと5分という場面で「あと5分しかない」ととらえるのか、「まだ5分もある」ととらえるのでは大違いです。複数の方向から見たうえで、子どもの立場になって話すのがリフレーミングという概念です。ちゃんとリフレーミングができないと関係性が崩れて、一生懸命頑張っても支援はうまくいきません。

声の掛け方一つで結果が変わります。ごはんの支度ができたとき子どもがゲームに夢中になっていたら「何やってるの！　早くごはん食べなさい」などという言葉が出てきがちです。そんな場面でリフレーミングするとしたら、ごはんができているのにゲームをやっているなら、お母さんも入っていって「そのゲーム面白そうだね」と声を掛けて、「楽しそうだね。お母さんごはん作ったんだけど、一緒に食べられるかな？」と相手の立場になってとらえ直すと出てくる言葉が変わってきます。

療育が必要ない社会をつくるために

発達障害のある子どもを連れてお出掛けするのは大変です。不意に駆け出す子もいますし、突然大声を上げる子もいます。一般的には聞き流してしまうような小さな音や遠方の音が耐え難い騒音に感じる子もいます。意を決して出掛けても、そういう特性をもった子どもを連れていると批判的な冷たい視線を向けられることもあります。世間の目を避けて家に閉じこもるようになれば子どもはエネルギーが発散できずに、子ども自身も保護者も、より大変な思いをすることもあるはずです。

療育も小さな教室のなかでワークをするというだけでは限界があります。本来なら、外で体を動かしたり土に触れたり、昆虫を捕まえたりといった遊びをしながら友達と関わっていくうちに、子どもたちのなかに生きていく力が育まれていくものです。

しかしプライバシーを確保して安心安全の環境で無害なものだけを提供するという

ことをやっていると、子どもがこれからスキルを獲得していこうとするときに、その機会を奪ってしまうことにもなりかねません。無害であることはそれだけを見れば良いことのように感じます。しかし、子どもの発達を見ていくとある程度免疫をつけるようなこともしていかなければ成長できません。

プライバシーや安全を守ることはもちろん大切ですが、もう少し子どもたちを解放する必要性を感じます。批判されないように、トラブルが起きないようにと、安心安全を最上とする今の日本社会の窮屈さが余計に発達障害を生んでいるように思えてなりません。例えば、自然のなかで駆け回って遊んでいるときには落ちつきのなさというのは大きな問題にはなりません。

大きなフレームで子どもを見てあげないと、子どもは息苦しくなってしまいます。その一方で、大きなフレームで見ることに甘えて、子どもの発達障害を見て見ぬふりをするというのも良くありません。生活をするなかでは大きなフレームで見て、子どもに働き掛けていくときにはクローズアップに切り替えて分析していくという遠近感が発達障害のある子どもと付き合っていくうえでの重要なポイントです。

社会全体が子どもたちを寛容な大きなフレームで見て、個別のサポートが必要なときにはクローズアップに切り替えてきめ細かく対応することができるようになったとき、療育と教育との境界がなくなり、すべての子どもたちが伸び伸びと育つ社会になるだろうと私は考えています。

おわりに

私が児童発達支援・放課後等デイサービスに取り組み始めたのは2015年のことでした。児童発達支援・放課後等デイサービスを開所し、その後、全国に展開していきました。少人数制の集団療育のサービスを経営していくなかで、私は大きな課題にぶつかることになります。それは集団になじめない子、もっと正確に言うと、集団に入る前に個別対応の必要性が高い子たちのケアをどうしたらよいのかということでした。児童発達支援・放課後等デイサービスにやってくる子どもたちの多くは、学校や保育所等の環境になじめずにつらい思いをしてきた子どもたちです。やっとの思いで療育にたどり着いたのに、またしても集団になじむことができずに、ここでも自分はだめなのか、などという思いを抱かせるようなことはしたくない——。そんなことを考えていたときに出合ったのがABAという手法でした。

ＡＢＡでは一人ひとりに内在する支援のヒントを探してセラピーを行います。内在するといっても感情的なことではなくて、あくまでも行動にフォーカスして分析し、介入していくことで、一人ひとりの抱えている生きづらさを改善していきます。

個人に合ったプログラムを組めるマンツーマン体制を整えたうえでこの手法を導入して療育を行っていけば、集団になじめない子どもたちに適切なケアができると考えました。また、小学校に入学する前の2歳から6歳の子どもたちに個別のケアができれば、発達障害があったとしても、学校に入ってからつらい思いをする子どもたちを減らすことができるはずです。

そう考えた私はマンツーマンのケアができる体制を整え、２０１９年に児童発達支援事業所を開所しました。個別のセラピーを基本とし、必要に応じて集団のなかでの練習もできるように小集団での活動も組み込んだ療育システムをつくりました。

この本で説明してきたのは、その児童発達支援事業所で行っていることの一部です。ＡＢＡは基本的に特別な道具も必要なく、高度な心理学の知識なども不要です。この本を読み終えた瞬間から、家庭でも日常生活のなかで試してみることが可能です。特に第3章ではＡＢＡの手法のなかから、実際に家庭でも取り入れやすい方法をセラピストたちの助言を得ながらまとめました。

発達障害のある子どもたちにとって、今の日本は窮屈な環境であるといわざるを得ません。発達障害への理解がここ数年で深まってきたとはいえ、保護者が心ない言葉をぶつけられることはいまだに絶えません。教育・医療・福祉の連携がうまくできているかといえば、まだまだであるのが現実です。行政の仕組みもずいぶん見直されてきたとはいえ、医療から療育への橋渡しに時間が掛かる状況は続いており、改善の余地があります。

そんなななかでも、子どもたちが療育を通して「できた！」という小さな成功をいくつもいくつも積み上げて成長していく姿を見ると、一人でも多くの困りごとを抱えている子どもが療育につながり、社会に出て活躍できるようになることを願わずにはいられません。

「様子を見ましょう」という言葉で、どれだけの子どもたちが療育につながるチャンスを失ってきたか、あるいはそのうちなんとかなるだろうという希望的観測によって、どれだけの子どもたちが必要な療育を受けられずに就学してからつらい思いを強いられているかと考えていかなければいけません。

療育への第一歩は、まず保護者が声を上げることです。もし子どもが困りごとを抱えているのなら、行政の窓口でも、私たちのような事業所でも構わないので、一刻も早く相談することが大切です。子どもにとっての1日は大人にとっての1日とは重みがまったく違います。それは療育の現場で子どもたちと接するなかで私たちが最も痛感していることでもあります。

この本が子どもたちと療育とをつなぎ、子どもたちだけでなく悩みを抱える多くの保護者の笑顔につながれば、こんなにうれしいことはありません。

〈著者紹介〉

川村 仁（かわむら じん）

1974年埼玉県生まれ。國學院大学文学部中退。その後、飲食店の店長を経て、2008年、オークニ商事株式会社を共同設立。飲食店向け経営コンサル事業を開始し、新規店舗の立ち上げや経営不振に陥った店舗の立て直しを手掛けた。2011年より福祉事業をスタートし、3月にはストレス解消型デイサービス「笑楽」を、8月にはデイサービス「桜花乃郷」を開所する。いいものをできるだけ早く広めたいという思いからFC展開し、3年で15拠点に拡大させた。2015年には児童発達支援・放課後等デイサービス「こぱんはうすさくら」を開所し、全国にFC展開する。こぱんはうすさくらを運営するうえで、集団よりも個別セラピーが優先される子どものサポートに課題を感じるようになり、2019年に児童発達支援「てらぴぁぽけっと」を開所。個人に合ったプログラムを組めるマンツーマン体制を整え、2022年には60教室に達している。

本書についての
ご意見・ご感想はコチラ

発達障害の子どもの「できる」を増やす

ABAメソッド

2023年7月19日　第1刷発行

著　者　　川村 仁
発行人　　久保田貴幸

発行元　　株式会社 幻冬舎メディアコンサルティング
〒151-0051　東京都渋谷区千駄ヶ谷4-9-7
電話　03-5411-6440（編集）

発売元　　株式会社 幻冬舎
〒151-0051　東京都渋谷区千駄ヶ谷4-9-7
電話　03-5411-6222（営業）

印刷・製本　中央精版印刷株式会社
装　丁　村上次郎
イラスト　キムラみのる

検印廃止

Printed in Japan
ISBN 978-4-344-94700-9 C0037
幻冬舎メディアコンサルティングＨＰ
https://www.gentosha-mc.com/